학습자 주도성,
미래교육의 거대한 착각

교사 없는 학습은 가능한가?

일러두기

- 이 책은 2019년 경기도교육연구원에서 발간한 연구보고서
  『학습자 주도성의 교육적 함의와 공교육에서의 실현가능성
  탐색』을 기초로 집필되었습니다.
- 외래어 표기는 현행 한글어문규정의 외래어표기법을
  따랐습니다.
- 괄호가 중복될 때에는 대괄호를 사용했습니다.

학습자 주도성,
미래교육의 거대한 착각

교사 없는 학습은 가능한가?

경기도교육연구원 기획

남미자 · 김경미 · 김지원 · 김영미 · 박은주 · 박진아 · 이혜정 지음

대한민국, 서울, 학이시습, 2021

학습자 주도성, 미래교육의 거대한 착각
교사 없는 학습은 가능한가?

기　획 경기도교육연구원
지은이 남미자 · 김경미 · 김지원 · 김영미 · 박은주 · 박진아 · 이혜정
펴낸이 박영률

초판 1쇄 발행일 2021년 2월 15일
초판 4쇄 발행일 2023년 12월 8일

학이시습
출판등록 2007년 8월 17일 제313-2007-000166호
02880 서울시 성북구 성북로 5-11 (성북동1가 35-38)
전화 (02) 7474 001, 팩스 (02) 736 5047
learningbooks@commbooks.com
www.commbooks.com

Lifelong Learning Books
5-11, Seongbuk-ro, Seongbuk-gu, Seoul, 02880, KOREA
phone 82 2 7474 001, fax 82 2 736 5047

학이시습은 커뮤니케이션북스(주)의 평생학습 전문 브랜드입니다.

ISBN 979-11-288-4101-9

책값은 뒤표지에 있습니다.

서문
방향을 잃고 부유하는 공교육

2020년 전 세계를 강타한 코로나19는 우리 삶의 많은 부분을 바꾸어 놓았다. 코로나19로 비대면 원격 수업이 전면화되면서 원격 교육이 곧 미래교육인 양, "코로나19라는 위기가 미래교육을 앞당겼다"라는 말이 나온다. 그러나 원격 교육은 교육 방법 가운데 하나이고, 비대면 원격 교육의 전면화는 코로나19 감염 확대에 따른 조치일 뿐이다.

　그럼에도 정부는 비대면 원격 교육을 미래교육의 핵심으로 삼아 정책을 추진하겠다고 발표했다. 비대면 원격 교육이 미래교육으로 받아들여지는 것은 학생의 자율과 선택을 통한 개별화 교육의 가능성 때문이다. 그러나 학습자 중심성의 맥락에서 쓰이는 자율과 선택이라는 용어는 신자유주의 이데올로기에 뿌리를 둔다. 1995년 5·31 교육개혁 이후 자율과 선택이라는 신자유주의적 기조를 유지해 온 한국의 교육 정책, 특히 공교육은 능력주의와 조우하면서 개별 학생의 자율과 선택에 의한 결과를 개인의 능력으로 환원했다. 심지어 진보교육 진영에서도 교육을 통한 능력의 향상이 가능하다고 믿고 능력주의를 정의로운 것으로, 교육을 계층 이동의 수단으로 여겨 왔다. 그 과정에서 공교육은 공적 기능을 상실했고, 지배 권력을 강화하는 도구로 전락했다.

한국 사회는 오랫동안 (공)교육이 무엇을 위해 존재하는지에 대한, 그러니까 교육의 '공적' 의미에 대한 질문을 하지 않았다. 고도화된 불안 속에서 공교육 역시 개인의 사적 욕망을 채우기 위한 수단으로 기능해 왔다. (공)교육은 공적 기능을 상실했다. 공적 기능을 상실한 (공)교육은 존재의 의미가 없다.

우리[1]는 주류 담론이 기정사실화하는 미래 담론을 (공)교육이 그대로 받아들여서는 안 된다고 생각했다. 사실 미래 사회 담론은 2016년 1월 세계경제포럼(World Economic Forum, WEP)에서 4차 산업 혁명이라는 화두가 등장하면서 대두되었다. 특히 초연결성과 초지능화로 대표되는 기

-----
[1] 필자들을 의미한다.

술의 발전으로 지금까지 경험하지 못한 속도로 사회 시스템과 산업 구조가 빠르게 변화할 것이라는 예측이 이뤄지고 미래에 대한 불안이 가중되면서, 교육 영역에서도 미래를 위한 선제적 대응이 필요하다는 요구가 커졌다. 그리고 개별 학습자와 학생에게 맞춤형으로 교육을 제공하는 개별화 교육이 미래교육의 중요한 영역으로 떠올랐다. 그러나 이를 자세히 들여다보면 개별 학습자와 학생 맞춤형 교육에서 학습자와 학생은 소비자 이상의 의미로 논의되지 않는다. 맞춤형 교육 방법에 대한 논의만 무성할 뿐 그래서 교육에 무엇을 담아낼 것인지나 가치와 철학의 문제는 논의되지 않는다.

문제는 미래 사회 담론이 탈맥락적이거나 탈이념적이지 않다는 것이다. 미래에 대한 예측 역시 객관적이고 중립적이지 않다. 따라서 비판적 성찰 없이 주류 담론에서 말하는 미래 사회 변화를 기정사실화한 채 논의되는 미래교육은 방향을 상실하고 주류 이데올로기에 끌려다닐 수밖에 없다.

이 책은 지금까지 미래교육 담론의 홍수 속에서 당연시되어 온 학습자의 자율과 선택, 학습자 주도성에 대해 물음을 던지는 것에서 시작하려고 한다. 특히 학습자 주도성 담론의 발생에 주목함으로써 당연하다고 여겨져 온 것들의 실재를 드러내고자 한다. 학습자 주도성 담론을 역사적이고 실증적으로 파악하여 그 본질을 파헤치는 과정에서 왜 지금까지의 학습자 주도성이 방법론적 측면에 경도되었는지 이해할 수 있을 것이다.

우리는 (공)교육의 잃어버린 공적 기능을 되찾고 싶었다. 왜냐하면 (공)교육은 뚜렷한 가치와 철학을 지향해야 하며, 그에 부합하는 '더 나은' 미래를 적극적으로 상상하고 그것을 위한 제도와 실천이 교육의 공적 기능이기 때문이다.

학습자 주도성 담론이 말하지 않는 것들

교육계에서는 아동(학생) 중심성이 중요한 담론으로 자리 잡고 있으며, 학습자 주도성은 그 연장선상에 있다. 그러다 보니 학습자 주도성 개념이 교사 주도성의 반대 개념 또는 획일적 또는 강제적 교육의 반대 개념으로 받아들여지는 경향이 있다. 학습자의 학습 과정에서 교사의 개입을 최소화하는 것이 학습자 주도성을 실현하는 것으로 여겨지거나 기술의 발달로 모든 개별 학습자에게 최적화된, 교육의 수요자로서 학습자의 기호에 의한 선택이 가능해진 교육이 학습자 주도성의 발현으로 여겨지는 것이다. 학습자가 학습 과정을 주도하는 것에 반대할 사람은 아무도 없다. 하지만 학습자의 자율적 선택이 가능해지는 제도와 상황을 만들기만 하면, 모든 학습자가 학습자 주도성을 발휘하게 되는 걸까?

상당수의 학생들은 자신이 무엇을 원하는지 혹은 자신에게 무엇이 필요한지 고민할 수 없는 환경에 놓여 있다. 이를 고려하지 않고 자율적 선택이 가능한 제도와 상황을 만드는 데 집중한다면, 적절한 선택을 하지 못하는 것이 개별 학습자의 책임이 될 가능성이 있다. 이는 공교육의 공적 책임을 개별 학습자에게 은근슬쩍 떠넘기는 것이다. 다시 말해서, 학습자 주도성을 학습 선택권의 개념으로 제한하거나 학습자가 학습 방법·시기·내용 등을 스스로 결정하는 것으로 여기고 학습에 대한 학습자의 자율권과 선택권 보장 측면에서 학습자 주도성을 논의하는 것은, 정부의 비개입과 자유로운 경쟁이라는 신자유주의적 접근으로 자유와 선택의 책임을 학습자 개인에게 지우는 결과를 낳는다. 이때 공적 영역에서 학습은 의미와 방향을 잃게 된다. 그럼에도 지금 논의되고 있는 학습자 주도성은 자율과 선택이라는 방법적인 측면에만 지나치게 경도되어 있다. 이와 같은 접근에는 분명한 한계가 있다. 따라서 공교육에서 학습자의 주도성이 중요하다는 이야기를 하기 전에, 그 속에 담긴 가치와 철학은 무엇이며 그것이 왜 중요한지에 대한 논의가 선행되어야 한다.

공교육에서 학습자가 학습을 주도한다는 것은 어떤 의미인가? 단순히 학습자가 주도하기만 하면 좋은 교육이 되는가? 한 개인이 범죄를 주도적으로 학습했다고 할 때, 그것은 주도성이 발현된 것인가?

학습자 주도성을 어떻게 정의할 수 있는지, 교육적 측면에서 학습자 주도성이 중요하거나 중요하지 않은 맥락은 무엇인지와 같은 근본적이고 교육적인 질문이 필요하다. 또한 미래 사회에서 학습자 주도성이 특히 더 요구되는 것인지, 그렇거나 그렇지 않다면 누구에게 어떤 맥락에서 중요한 것인지, 디지털 기술에 기반한 학습 플랫폼에서는 누가 어떻게 주도성을 발현할 수 있는 것인지, 교사의 존재는 학습자 주도성이 강조되는 맥락에서 어떻게 규정되어야 하는지 등의 질문에 구체적으로 답할 수 있어야 한다.

학습자 주도성의 공적 의미를 찾아서

교육은 결국 삶을 위한 것이어야 한다. 그렇다면 교육과정에서 학습자 주도성은 삶의 주도성을 위한 연습이며, 그런 점에서 삶의 주도성이 궁극적으로 지향하는 것이 무엇인지 이야기해야만 한다. 공교육은 모든 인간이 인간으로서 존엄을 지키면서 살아갈 수 있도록 최소한의 삶을 위한 역량을 길러 주어야 하며, 그렇기 때문에 교육받을 권리는 인간의 존엄성 및 평등과 연결된다(Nussbaum, 2013/2015:182~186). 센(Amartya Sen)과 누스바움(Martha Nussbaum)은 공교육이 좋은 삶을 사는 데 필요한 최소한의 능력을 갖추고, 그 능력을 삶에서 발휘하는 책임 있는 시민을 길러 내는 데 초점을 맞추어야 한다고 주장한다. 그리고 그것이 교육에서의 정의의 실천이라고 주장한다. 이것은 각자가 "소중히 여길 만한 삶을 영위할 수 있는 역량"으로서 실질적 자유를 증진하는 것을 의미하며, 여기서 실질적 자유는 각자가 "무엇을 할 수 있고, 무엇이 될 수 있는가?"를 인식하고 그것을 실천할 수 있는 가능성이다. 이 질문에 답한다는 것은 곧 자신의 삶에 주도성을 갖는다는 것이므로, 이 책에서는 학습자 주도성을 궁극적으로 실질적 자유라는 잠재 가능성을 극대화하는 것으로 보고자 한다.

공교육의 방향을 모든 인간의 실질적 자유를 확대하는 쪽으로 설정함으로써, 즉 새로운 의미의 학습자 주도성을 강조함으로써 공교육의 공적 기능을 회복할 수 있을 것이다. 공교육에서 학습자 주도성의 발현은 비강제적으로 개인의 욕망을 공적인 것으로 전환하는 자발적이고 주도적인 과정이며, 현재 공적 세계에서 책임 있는 시민으로서의 실천인 동시에 책임 있는 시민이 되어 가는 과정이다. 이와 같은 접근은 학습자 주도성을 단지 학습자의 선택이나 자율권 같은 측면뿐 아니라 모든 존재가 조화롭게 어우러져 사는 삶을 지향한다는 점에서 정의와 평등의 측면을 다루게 된다. 결과적으로 모든 사람이 사회적 존재로서 조화로운 방식으로 공적 영역에서의 자유를 통해 실질적인 평등을 성취할 수 있게 된다. 이와 같은 실질적 자유로서 삶의 주도성을 강조함으로써 다른 사람의 자유에 대한 관심과 책임감을 갖는 것이 결국 자신의 실질적 자유를 확대하는 방향임을 깨닫도록 하는 것, 그것이 회복해야 할 교육의 공적 기능이다.

이러한 접근은 학습자 주도성을 개인 역량(competency), 능력(ability) 등으로만 이해하면 안 된다는 사실을 보여 준다. 이 책에서는 학습자 주도성을 모든 존재의 좋은 삶의 실천에 관한 잠재 가능성(capabilities)이 행위자성(agency)으로 발현되는 현상으로 바라보려고 한다. 왜냐하면 주도성을 개인의 능력에 초점을 맞추어 설명하게 되면 그 발현 여부와 결과가 순전히 개인의 책임이 되기 때문이다. 이러한 이해를 토대로 공교육에서 학습자 주도성이 왜 필요한지, 학습자 주도성의 발현은 교육 상황에서 어떻게 드러나는지, 학습자 주도성의 발현을 위한 제도와 조건은 무엇인지 답해 보고자 한다.

차례

서문: 방향을 잃고 부유하는 공교육   v

    학습자 주도성 담론이 말하지 않는 것들   viii

    학습자 주도성의 공적 의미를 찾아서   xi

01 아무도 이야기하지 않는 학습자 주도성의 진실   1

    학습자 주도성 담론의 사상적 계보   1

    학습자 주도성 담론의 정책적 계보   27

02 대안적 학습자 주도성 상상하기   59

    무엇을 위한 주도여야 하는가   61

    새로운 학습자 주도성은 무엇인가   69

    학습자 주도성의 개념 지도   80

03 교육 현장에서 발견한 대안적 학습자 주도성   85

미국의 알트스쿨   85

일본의 학습자 주체 교육   104

혁신초등학교: 가을초등학교와 바람초등학교   117

경기꿈의학교: 맹지바당   137

성미산학교: 포스트중등과정   156

04 학습자 주도성 발현의 촉진 요인과 저해 요인   187

학습자 주도성 발현의 촉진 요인   188

학습자 주도성 발현의 저해 요인   211

집단 간 인식 차이   229

05 공교육의 학습자 주도성   237

교사 주도와 학생 주도라는 모순 사이에서   237

교사와 학생의 만남을 통해서   241

비예측적인 방식으로   244

맺으며   247

참고 문헌   255

01
아무도 이야기하지 않는 학습자 주도성의 진실

학습자 주도성 담론의 사상적 계보

학습자 중심성의 등장: 루소

학습자 주도성 담론은 어떻게 시작되었을까? 학습자 주도성이라는 아이디어는 사실상 '학습자 중심'이라는 개념에서 파생되었다. 오늘날 유행어처럼 쓰이는 학습자 중심 개념의 사상적 뿌리는 18세기 사상가 장 자크 루소에게로 거슬러 올라간다. 오늘날 교육에서 '학습'을 '경험'과 거의 동의어로 사용하게 된 것이나 학습자의 자발성을 중요시하게 된 것, 가르치는 내용보다 학습하는 주체를 더 중요시하게 된 것은 따지고 보면 루소 덕분이라 할 수 있다.

루소의 교육 이론은, 로크의 영향을 크게 받은 것으로 알려져 있다. 로크는 잘 알려져 있듯이 인간의 마음을 "타

그림 1-1 학습자 주도성 담론의 사상적 계보

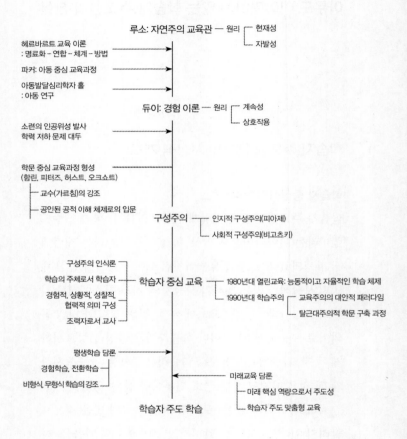

루소: 자연주의 교육관 ─ 원리 ┬ 현재성
└ 자발성

헤르바르트 교육 이론
: 명료화 - 연합 - 체계 - 방법

파커: 아동 중심 교육과정

아동발달심리학자 홀
: 아동 연구

듀이: 경험 이론 ─ 원리 ┬ 계속성
└ 상호작용

소련의 인공위성 발사
학력 저하 문제 대두

학문 중심 교육과정 형성
(함린, 피터즈, 허스트, 오크쇼트)

┬ 교수(가르침)의 강조

└ 공인된 공적 이해 체제로의 입문

구성주의 ┬ 인지적 구성주의(피아제)

└ 사회적 구성주의(비고츠키)

구성주의 인식론

학습의 주체로서 학습자

경험적, 상황적, 성찰적,
협력적 의미 구성

조력자로서 교사

학습자 중심 교육 ┬ 1980년대 열린교육: 능동적이고 자율적인 학습 체제

└ 1990년대 학습주의 ┬ 교육주의의 대안적 패러다임

└ 탈근대주의적 학문 구축 과정

평생학습 담론

경험학습, 전환학습

비형식, 무형식 학습의 강조

미래교육 담론

┬ 미래 핵심 역량으로서 주도성

└ 학습자 주도 맞춤형 교육

학습자 주도 학습

불라라사(tabula rasa)", 즉 백지장과 같다고 주장했다. 인간의 마음은 빈 서판과 같아서 감각 경험과 그에 대한 반응으로 채워지고 만들어져 간다는 것이다. 따라서 '지금 현재 무엇을 경험하느냐'가 중요해진다. 왜냐하면 지금 한 사람이 경험하는 것이 그 마음에 인상으로 남겨져서 그의 마음을 이루기 때문이다. 루소는 로크의 연장선상에 서서 삶의 '현재성'을 받아들인다. 즉, 불확실한 미래를 위해 달려갈 것이 아니라, "눈앞에 존재하는 것에 인간의 사고와 관심을 한정하는"(Boyd, 1911/2012:39) 태도를 중요하게 받아들인 것이다.

한편 루소는 그 현재적이고 즉각적 경험이 로크처럼 외부의 자극에 대한 수동적 반응이 아니라 개별적인 인간(아동) 내부의 원리에 의하여 적극적으로 수용된 것이어야 한다는 학습자 '자발성(주체성)'을 강조한다. 이렇게 볼 때, 루소의 교육 이론은 삶의 현재성과 학습자의 자발성, 이 두 가지를 핵심 원리로 구성된다(박주병, 2013). 루소는 학습을 학습자의 자발적·능동적 경험으로 설명했는데, 이후로 우리는 자연스럽게 학습을 학습자의 자발적 경험과 같은 것으로 간주하게 되었다. 루소에게 지식의 원천은 인간의 경험이었으며, 지식의 원천으로서 경험에 대한 강조는 아동의 관심이나 특성을 고려하지 않는 당시의 억압적인 교육 체제에 대한 저항이기도 했다. 루소는 당시 사회 제도에 대한 불신 때문에 사회에 의한 영향을 차단하고 개인적 마음의 능동적 작용에 주목하여 이로부터 이루어지는 교육 개념을 고안했다. 이는 '학습자 중심' 개념의 중요 토대를 제공한다. 루소는 사회의 인위적 영향에 일절 물들지 않은 교육의 원초적인 상태를 탐색하고자 했다. 따라서 루소는 원초적 자연 상태에 지나지 않았던 '자연'(또는 본성)이라는 개념에 마음의 능동적 작용에 해당하는 의미들을 부여하여 자연주의 교육관을 형성했다.

루소에게 학습자는 자연인으로 개념화되지만, 여기서 자연인은 숲 한가운데 있는 미개인이 아니라 "사회생활의 소용돌이 속에서도, 자신의 정념에 의해서든 다른 사람의 의견에 의해서든 끌려 다니지 않고, 오직 자신의 눈으로 보고, 자신의 마음으로 느끼며, 자신의 이성 외에 어떠한 권위에도 지배받지 않는"(Rousseau, 1990:255) 개인이라 할 수 있다. 그러므로 루소의 교육 이론에 따르면 학습은 바로 지금 이 순간 인간의 본성에 의한 자기 주도적 경험이다. 현재성과 자발성의 원리는 루소 교육 이론의 수많은 약점에도 불구하고 근대 교육 이론의 새 지평을 여는 데 핵심적인 기둥으로 작용했다(박주병, 2013). 또한 루소의 교육 이론은 교육을 하나의 선언적 명제나 당위에서 아동의 실제적인 발달 단계를 고려한 교육으로 전환시키는 데 결정적인 공헌을 했다. 루소는 마땅히 해야 할 것보다는 지금 현재 아동이 할 수 있는 것, 원하는 것으로 눈을 돌려야 함을 역설했고 영아기, 유아기, 소년기, 청소년기, 성년기에 이르는 발달 과정에 따른 구체적 교육 지침을 제시했다.

17~18세기를 지나면서 오늘날 우리가 '경험주의 교육 이론'이라 부르는 주장과 관념들이 근대 이후를 대표하는 교육 이론으로 자리 잡았다. 경험주의 교육 이론의 영향으로 근대 이후의 교육 이론은 이상적인 논의에서 점차 아동의 심리나 발달 이론을 중요하게 포괄하는 경향을 보인다. 루소 이후 19~20세기의 교육학은 루소의 빛과 그림자 속에 서 있고, 거기로부터 서술되고 해석될 수 있다고 말할 수 있다(Böhm, 2010/2017). 페스탈로치의 '합자연 교육론'이나 '직관(Anschauung)', 프뢰벨의 '자기표현(self-expression)', 헤르바르트의 '흥미(interest)' 등의 개념으로 이어지는 근대 교육 이론의 키워드들은 교육 장면에서 아동의 개별성과 경험의 역동성을 부각시켰고, 아동의 인권을 고취시키는 교육 방식으로 이해되었다. 오늘날 교육 현장에서 자주

들을 수 있는 '다양한 학습 경험', '아동의 흥미 존중', '열린 수업', '학습자 존중' 등의 표현들은 모두 근대 이후 루소에서 이어지는 학습자 중심 경험주의 교육 이론의 산물이라 불러도 좋을 만하다.

학습자 중심성의 성장: 듀이

루소가 학습자 중심성을 최초로 제시한 사상가라면, 존 듀이는 학습자 중심성을 토대로 한 교육철학을 가장 완숙한 형태로 제시한 사상가라 할 수 있다. 맹아 상태였던 '학습자 중심성'은 듀이에 이르러 하나의 이론적 체계를 갖춘 교육철학으로 제시된다. 특히 듀이는 경험 이론 속에서 학습자 중심 개념을 재구성하여 제시했다.

교육에 관한 듀이의 문제의식이 무엇이었는지는 『경험과 교육』 1장의 전통적 교육관에 대한 비판에 잘 나타나 있다. 듀이는 당시의 교육이 외부에서 일방적으로 정해진 교육 내용이나 행동의 표준을 교사에 의하여 전달하는 방식을 고수함으로써 그 과정에서 학생이라는 중요한 구성 원리를 배제했다고 비판한다. 전통적 교육은 아직 미성숙한 아동이 성숙한 상태를 향하여 성장하는 과정에서 그들과는 멀리 떨어진 성인의 표준·내용·방법을 받아들이도록 하기 때문에, 아동에게 교육은 항상 외부에서 강제적으로 주어지는 것일 뿐 아니라 그 결과로 아동은 수용적이고 순종적인 태도를 갖게 된다고 주장한다. 이러한 비판 속에서 제기된 진보주의 교육은 학습자의 자유로운 활동, 개성의 표현과 신장을 중시한다. 또한 삶과 직접적인 관련이 있는 경험을 통해 생생한 의미를 지니는 지식과 기술을 습득하는 것이 학습이며, 현재의 삶에 주어진 조건들을 최대한 활용하게 하는 것, 변화하는 세상 속에서 삶을 알게 하는 것이 교육의 중요한 특징이라 본다.

듀이는 전통적 교육에 대한 반발로 등장한 진보주의 교육 또한 교육 내용에 대한 관심을 배제하고 학습자라는 한 가지 원리만 고수함으로써 전통적 교육과 마찬가지로 이분법적 사고에 빠진 것을 비판한다. 듀이에게 교육은 교육 내용과 학습자의 상호작용으로 이루어지는 것이며, 이 점을 간과할 때 교육은 전통적 교육이든 진보적 교육이든 이분법적 사고라는 오류에 빠질 수밖에 없다고 보았다.

한편 듀이는 경험에 대한 전통 철학의 이분법적 사고를 비판하고, 동시에 경험이 무작정 해 보는 시행착오를 의미하는 것이 아니라 '실험적(experimental)' 성격을 지닌 것으로 재해석함으로써 이론의 토대를 쌓는다. 듀이는 경험을 중심으로 교육의 과정 전체를 진보적으로 재조직하고자 했는데, 이 과정에서 교육적 경험과 비교육적 경험을 구별하는 두 가지 기준을 내세운다(Dewey, 1938/2002:128). 하나는 계속성의 원리이고, 다른 하나는 상호작용의 원리다.

계속성의 원리는 현재의 경험이 앞으로의 경험에 영향을 미치며, 그 속에서 경험이 계속됨을 의미한다. 다시 말해 아동의 현재 경험이 바람직한 방향으로 단절 없이 계속적으로 나아가도록 상황을 적절히 조절해 주어야 한다는 것이다. 상호작용의 원리는 경험이 외적 조건과 내적 조건, 즉 객관적인 요소와 주관적인 요소가 함께 작용하여 상황적으로 구성됨을 의미한다. 이와 같은 계속성과 상호작용의 원리를 바탕으로 볼 때 하나의 경험은 유기체와 환경의 상호작용을 통하여 형성된다. 즉, 유기체와 환경의 상호작용을 통해 '과정으로서의 경험(경험 활동)'을 하게 되며, 그것이 모종의 결과로 이어질 때 '결과로서의 경험'을 하게 된다. 하나의 과정을 거쳐 결과로서의 경험을 얻고, 그것을 토대로 다음의 경험 과정을 거쳐 또 다른 결과에 도달하는 과정이 지속적으로 이루어질 때 학습자 안에서 경험의 계속적인 재구성과 성장이 이루어진다.

교육을 이와 같이 이해한다면, 교육에서 중요한 것은

경험의 재구성을 통하여 성장해 가는 주체로서의 학생이다. 교육에 무엇보다 학생의 경험이 계속적으로 성장해 가도록 안내할 책임이 있는 것이다. 교사의 역할도 달라질 수밖에 없다. 듀이의 사상에서 교사는 '촉진자(facilitator)' 또는 '조력자'다. 즉, 교사는 학생의 외부에서 교육 내용을 일방적으로 전달하는 사람이 아니다. 오히려 학습자의 경험이 단절되지 않고 계속적인 성장을 이루어 갈 수 있도록 판단할 수 있어야 하며, 유의미한 경험이 이루어질 수 있도록 학습자의 마음속에서 어떤 일이 일어나는지 개별 학습자 입장에서 이해할 수 있어야 한다(Dewey, 1938/2002:132). 교사는 무엇보다 경험이 유기체와 환경의 상호작용에 의하여 이루어진다는 점에 유의하여 환경적 조건들이 경험에 어떤 식으로 영향을 미치고 어떤 요소가 학습자의 경험과 성장에 기여하는지 등 환경적 조건에 대한 충분한 지식을 갖출 필요가 있다. 교사에게는 그러한 지식을 바탕으로 학습자에게 가치 있는 경험을 제공할 의무가 있으며, 학습자들이 의미 있는 경험을 할 수 있도록 학습자의 현재 능력 또는 필요와 적절히 상호작용할 의무가 있다(Dewey, 1938/2002:132). 이렇게 볼 때, 듀이의 교육철학에서 교육자의 중요한 임무는 학습자의 흥미를 촉발할 수 있는 환경이나 학습 자료를 현명하게 선택함으로써, 그것으로부터 학습자의 교육적 경험이 이루어지게 하는 환경을 제공하는 일이다(유철민, 2011).

이와 같은 듀이의 경험 이론은 학습자를 경험의 주체로 인식하게 하면서 교육을 교사나 교육 내용이 아니라 학습자를 중심으로 재인식하는 계기를 마련했다. 이는 그동안 교사 중심의 주입식 교육, 주지주의, 형식주의로 점철되어 온 전통적 교육에 변화의 필요성을 제기한 것이다(송도선, 2009:161). 듀이가 말하는 '아동 중심(child-centered)'은 '아동과 학습자를 위한 것'이라는 의미로, 경험이나 학습의 주체가 어디까지나 아동과 학습자인 만큼 교육 자료·교사·행정·시설 등 교육의 모든 여건들이 그들을 중심으로 재배치되어야 한다는 것으로 볼 수 있다. 따라서 듀이에게 학습자 중심이라는 말은 교육이 학습자의 유의미한 경험을 위한 것이 되어야 함을 의미하며, 교육은 학습자의 경험 성장을 위해 존재해야 하고, 경험의 성장은 학습자의 유의미한 경험 활동을 통해서만 가능하다.

학습자 중심성의 심리학적 토대: 구성주의

듀이가 학습자 중심 사상의 철학적 토대를 제공했다면, 학

습자 중심 사상의 심리학적 토대를 제공한 것은 구성주의
라 할 수 있다. 구성주의는 1990년대 이후 교육계에서 각
광받기 시작하면서, 교사 주도의 교육 패러다임을 학습자
중심 교육 패러다임으로 바꾸는 데 가장 크게 기여했다.
구성주의는 어떻게 교사 주도의 교육 패러다임을 학습자
중심 교육 패러다임으로 바꾸는 데 기여했을까?

구성주의는 지식이 마음과 분리되어 별도로 존재한다
는 객관주의 인식론에 반대한다. 행동주의나 인지주의 같
이 마음과 별도로 존재하는 지식을 인정하게 되면, 교육의
목적은 학습자 외부에 별도로 있는 지식을 전달하는 것이
된다. 그러나 구성주의는 절대적 지식 혹은 절대적 진리란
존재하지 않으며, 오히려 지식은 개인의 사회적 경험에 의
거하여 계속적으로 구성되는 것으로 본다(강인애, 1997).
지식과 세계에 대한 구성주의적 관점을 받아들이면, 교사
가 정해진 내용을 전달하는 것보다는 학습자들이 스스로
자신만의 앎을 구성해 가도록 하는 활동이 학습의 중요한
측면으로 대두된다. 구성주의는 앎이 객관적 지식을 받아
들임으로써가 아니라 학습자가 자신의 경험을 통해 스스
로 그 의미를 구성해 봄으로써 형성된다고 본다. 따라서
동일한 현상이나 주제에 관해 이야기하더라도 개인마다

서로 다른 이해에 도달할 수 있다. 즉, 어떤 현상에 대해 개인이 의미를 부여하는 과정이나 이해에 도달하는 과정은 주관적인 성격을 지닌다. 구성주의 관점에서 교육의 역할은 "단순화되고 정형화된 지식의 습득보다는 계속적으로 외부 상황에 적응할 수 있는 내적 기능의 형성"이며, 이는 곧 "좀 더 적극적으로 그리고 자율적으로 자신의 학습을 관리하고 책임질 수 있는 학습자의 역할을 제시하는 것"이라 할 수 있다(강인애, 1995).

이와 같은 구성주의의 인식론적 토대는 거대 담론의 붕괴 이후 형성된 포스트모더니즘의 인식론과 부응하면서 교수학습 과정을 학습자 중심으로 전환하는 기폭제 역할을 했다. 구성주의는 다양한 이론적 지향점을 근거로 급진적 구성주의(radical constructivism), 사회문화적 접근(socio-cultural approach), 사회적 구성주의(social constructivism), 정보 처리적 구성주의(information processing constructivism), 인공지능학적 접근(cybernetic systems) 등으로 구분된다(김지현, 2000). 지식의 구성과 습득을 인지적 작용 측면과 개인이 속한 사회 구성원 간 상호작용 측면으로 구분했을 때 전자를 강조하는 것은 인지적 구성주의, 후자를 강조하는 것은 사회적 구성주의라 부른다.

인지적 구성주의를 대표하는 학자로 피아제를 들 수 있다. 피아제는 학습을 동화와 조절의 과정을 통해 학습자가 스키마를 형성하는 일련의 과정으로 설명했다. 즉, 학습자가 지닌 기존의 틀에 맞지 않는 새로운 개념을 접했을 때 지적 혼란의 상태와 조절의 과정을 통해 새로운 스키마를 형성해 가는 과정이 학습이라는 것이다. 이와 같은 피아제의 학습관에서 교사는 "학생이 각기 적합한 발달 단계에 도달할 때를 기다려야 하고 혹은 그에 도달하도록 도움을 줄 수 있어야 하며 또한 그에 도달했을 때 다음 단계로 발전할 수 있도록 도와주는 역할을 해야 한다"(강인애, 1995). 이와 같은 피아제의 입장은 지식의 객관적 속성을 부정한다는 점에서 발생론적 인식론을 주장한 인지적 구성주의로 분류된다.

피아제의 인지 발달 이론을 근거로 지식 구성 과정에서 개인의 인지 작용을 보다 강조한 입장이 급진적 구성주의다. 급진적 구성주의에 의하면 인간의 지식이라고 부를 수 있는 것은 '구성(construction)'이라는 인식 주체의 능동적이고 적극적인 활동으로서의 '앎(knowing)'뿐이다(김지현, 2000). 그것은 결코 외재하는 세계나 실재에 대한 표상이 아니라, 인식 주체와 환경의 상호작용에 가깝다. 피아제의 입장에 근거를 두고 급진적 구성주의를 전개한 학자들 중 대표적으로 글라저스펠트(Ernst von Glasersfeld)가 있다. 글라저스펠트는 급진적 구성주의의 두 가지 인식론적 원칙을 제시하는데, 첫째는 "지식은 그것을 인식하는 주체에 의해 능동적으로 구성된다"는 것이고 둘째는 "인식의 기능은 적응적이며 경험적 세계를 조직하는 데 이바지하는 것이지 존재론적 실재를 발견하는 데 이바지하는 것이 아니다"라는 것이다(Glasersfeld, 1995:47). 이 원칙에 의하면, 인간이 경험하는 실재의 세계는 인간 바깥에 별도로 존재하지 않기 때문에 지식은 인간 외부에 객관적으로 존재하는 것에서 비롯되는 것이 아니라 인간의 내부 경험에 의해 구성된다. 이와 같이 글라저스펠트는 지식의 객관적 속성을 강조했던 전통적 인식론의 사고 유형과 관습을 해체하는 대신 그것이 인간 경험 세계에 의해서만 조직되고 만들어져서 의미가 부여된다는 입장을 취했다. 이와 같은 구성주의의 입장이 시사하는 바는 무엇인가? 먼저 학습자들의 경험을 통해 구성된 의미는 교사의 의도와는 다를 수도 있기 때문에 교사는 학습자의 창의적 구성을 인정해야 한다는 것이다. 또한, 수업 설계 측면에서 학습자가 자기 관점을 형성할 수 있도록 지적인 안목을 제공해 주어야 한다는 것이다. 이를 위해 교사는 주어진 지식을 전달하는 것보다는 개인의 학습 구성을 위한 조력자가 된다.

인지적 구성주의는 지식 형성 과정에서 인지적 작용이 중요하다고 보는 반면, 사회문화적 측면에는 관심을 두지 않는다. 이에 대한 반발로 등장한 것이 사회적 구성주의다. 사회적 구성주의는 객관주의에 반대한다는 점에서 급진적 구성주의와 공통점이 있지만 지식 구성의 주체를 개인의 감각 기관과 의사소통에 국한하지 않고 한 인간이 속한 공동체 구성원들의 합의까지 확장한 입장이라 할 수 있다. 사회적 구성주의를 주장한 대표적 학자인 비고츠키 (Lev Vygotsky)에 의하면 사회적 구성주의는 지식 구성에서 개인의 내적 구성 과정을 중시하되, 사회적 의사소통 측면을 강조한다. 인간의 인지 발달은 사회적 경험, 즉 사람이 세상과 상호작용하는 것을 통해 이뤄진다는 것이다(심우엽, 2003). 인지 발달의 사회문화적 맥락을 강조하는 비고츠키의 입장은 인지 발달이 개인의 내적 차원 또는 생물학적 차원에서 일어나는 것으로 보는 피아제의 입장과 대비되는 면이 있다. 이 때문에 비고츠키의 사회적 구성주의는 종종 사회문화적 관점(sociocultural perspective) 또는 문화역사적 관점(cultural-historical perspective)으로도 불린다. 비고츠키가 강조하는 사회문화적 맥락은 부모, 교사, 친구 등 주위 사람들과의 사회적이고 이상적인 상호작용이나 대화 또는 교육 활동 등 인간 사회에서 일어나는 모든 행위를 의미한다(심우엽, 2003). 사회적 구성주의는 "인지적 혼란을 평정하려는 방법보다는 인지적 혼란을 일으키는 원인인 사회적 상호작용에 더욱 관심을 두는 입장"으로 사람들 간의 입장이 대립할 때 "이견들 간의 갈등과 차이에 가치를 부여하여 의견 차로 인한 자신의 견해와 관점에 대한 자아 성찰의 측면을 강조"하는 관점이라고 할 수 있다(강인애, 2009).

구성주의에서 말하는 학습자 중심 교육은 학습자가 자신의 내면의 구성 과정을 통해 자신이 의도한 바대로 주도해 가는 교육을 의미한다. 여기서 하나의 정답만 인정받는 것은 아니며, 구성 자체가 의미를 지닌다. 그러나 개인의 의미 형성을 중시하는 인지적 구성주의에 기반한 수업은 학습자의 개별성과 주도성을 강조한 나머지 자칫 교사가 개입하지 않는 상황에서 학습자 스스로 학습하도록 내버려 두는 '자유방임적 교육'으로 왜곡될 수 있다. 왜냐하면 인지적 구성주의에 기반한 학습자 중심 교육은 교사의 역할을 최소화하고 조언자 또는 학습자의 학습을 촉진하는 환경 구성자의 역할을 요구하기 때문이다. 이에 대한 대안으로 등장한 사회적 구성주의는 교사나 어른들과의 상호작용, 또래들과의 협동학습 등을 통한 잠재적 발달 수준으로의 발달 가능성을 제안한다.

학습자 중심 사상의 확산: 다양한 학습자 중심 이론들

1990년대 구성주의가 학습자 중심 원리의 심리학적 · 인식론적 토대를 제공했고, 그 위에서 다양한 학습자 중심 교육 개념들이 등장했다. 학습자 중심 교육 개념들은 공통적으로 학습자의 경험과 자발성, 흥미 등을 중시하는 학습자 중심 사상에 기반을 둔다. 다양한 학습자 중심 이론들은 무엇을 강조하느냐에 따라 명칭이 달라진다. 아동 중심 교육(특정 연령대 주목), 수요자 중심 교육(학습자를 고객으로 간주하는 경영학적 관점), 학생 중심 교육(학습자를 제도권 교육으로 한정해서 보는 경우), 열린 교육(교육과정의 융통성 강조), 자기 주도 학습(학습자의 특성이나 학습 방법으로서 독립성, 자율성, 주도성 강조), 평생학습(학습의 기간을 제도권 교육을 받는 때로 한정하지 않음) 등이다.

다양한 학습자 중심 이론이 있지만 오늘날 교육계에서 가장 큰 영향력을 미치는 학습자 중심 이론은 평생학습 이론, 담론일 것이다(Candy, 1991). 평생학습 담론을 주창한 이들은 지금을 '평생학습 시대'로 규정하고, 학교나 교사의 결정에 의해 준비되던 교육 내용이나 활동 계획이 아닌 학습자 자신이 계획하고 관리하며 그 결과에 책임을 지는 '자율적 학습'을 새로운 학습 모습으로 제시한다. 평생학습은 교육의 원형을 학습에서 찾으며, 교육의 주체 또한 교사가 아닌 학습자라 본다. 또한 학습의 장소와 기간도 기존의 제도교육권과 특정 학령 기간에 한정하지 않고 평생에 걸쳐 다양한 곳에서 이루어지는 것으로 본다.

평생학습 담론은 그동안 제도교육에 한정되었던 특정 연령의 학생에서 성인으로 그 범위와 영역을 확장했다. 평생학습 담론은 교수활동에서 학습의 관리로 교육을 재개념화하는 것이 불가피하다는 문제의식에서 대두되었으며 재개념화 과정에서 성인교육의 주요 개념들, 즉 자기 주도 학습·성인 학습자의 독립성·자율성·주도성·메타인지 등이 방법적 원리로 수용되었다. 평생학습 담론에서는 학습자 주도성을 자기 주도 학습을 이해하기 위한 필수 요소로 여기며 학습 과정에서 학습자가 수행하는 다양한 의사 결정이나 통제 능력, 태도나 가치, 의지와 같은 개인의 정의적·인지적 특성이자 메타인지적 개념으로 정의한다.

평생교육 담론은 경험학습이나 전환학습처럼 학습자의 삶과 관련된 다양한 학습 형태를 포함한다. 경험학습은 의도되지 않은 일상적 조건에서 성인 스스로 인지적·정의적·행동적 영역에서 점진적으로 변화해 가는 학습 과정에 관심을 기울이며, 형식적 차원뿐만 아니라 무형식적 차원에서도 이뤄지기 때문에 학습의 영역이 일상 차원까지 확대된다(정민승, 2010).

한편 메지로우(Jack Mezirow)가 개념화한 전환학습은 "학습자가 어떻게 자신의 삶의 경험을 해석하고 의미화하는지에 관심을 두며, 우리의 신념·태도·관점에 전환이 있을 때 학습이 일어난다"고 본다(Mezirow, 1985). 따라서 경험을 이해하는 개인의 기존 '관점'이 더 이상 적절하지 않다고 느낄 때 이를 해체 및 재구성하려는 탈학습(unlearning)의 과정을 중요하게 다룬다(송미영·유영만, 2008). 이처럼 평생교육학적 관점에서 학습을 조명함으로써 학습의 범주가 확장되었다.

오늘날 '학습자 중심 교육'이라는 개념은 포괄적이고 광범위하게 사용되는 경향이 있고, 따라서 단일한 규정이나 원리를 찾기는 어렵다. 학습자 중심 교육의 원리와 특징을 규정하기 위한 다양한 시도들이 있었는데, 길형석(2001)에 따르면 학습자 중심 교육은 "학생의 내면적 자발성을 존중하고 학교교육 체제를 그들의 개별성과 다양성에 적응시키려는 노력"이다. 이러한 노력에도 학습자 중심 교육의 이념, 목적, 방법, 요구 등이 여전히 혼재된 상태로 남아 있으며, 그 의미가 너무 포괄적이며 추상적이라는 난점이 있다.

이러한 맥락에서 요즘은 '학습자 주도 학습' 개념까지 거론된다. '학습자 중심 학습'과 '학습자 주도 학습'은 어떻게 다른가? 브레이(Barbara Bray)와 매클래스키(Kathleen McClaskey)는 개인화 학습 환경(personalized learning environment)을 교사 중심(teacher-centered) 교육, 학습자 중심(learner-centered) 교육, 학습자 주도(learner-driven) 학습의 3단계로 구분하고 이 중 학습자 주도 학습의 단계를 가장 높은 단계로 설정했다(조윤정, 2017). 이들에 의하면 학습자 중심 교육과 학습자 주도 학습은 표 1-1과 같은 특징을 가진다(Bray & McClaskey, 2016).

이와 같은 비교를 통해 조윤정(2017)은 학습자 주도 학습을 "학습자가 스스로 독립적이며 주도적으로 개인의 학습 계획을 수립하고 달성하기 위해 필요한 학습 전략과 기술을 선택하고 학습 내용과 학습 경험을 결정하며 평가도 수행하는 학습"이라고 정의한다. 이 정의를 통해 알 수 있

표 1-1 학습자 중심 교육과 학습자 주도 학습 비교

	학습자 중심 교육	학습자 주도 학습
학습 계획 점검 및 수정	학습자는 자신의 학습 과정과 결과가 변화하면 교사의 지도에 따라 자신의 학습 계획을 수정·보완함	학습자가 자신의 학습 계획을 학습 파트너인 교사와 함께 점검하고 수정함
학습 전략 및 기술 선택	학습자의 학습 계획에서 정한 학습 목표를 성취하기 위해 교사와 함께 학습 전략과 기술을 찾음	자신의 학습 계획에서 정한 학습 목표를 성취하고 재설계하기 위해 학습자가 주도적으로 혁신적인 전략과 기술을 적용함
학습 환경	다양한 학습 영역을 포함한 학습 환경을 교사와 함께 디자인함	학습자가 학습 환경을 학교뿐 아니라 지역 커뮤니티와 글로벌 커뮤니티를 포함한 학교 밖 학습 환경까지 확장함
학습 목표 성취	학습 계획에서 정한 학습 목표를 기반으로 정보에 접근하고 내용에 참여하며 학습자가 아는 것을 어떻게 표현할 것인지 학습자와 교사가 함께 결정함	학습 계획에서 정한 학습 목표를 언제 어떻게 어디서 점검하고 적용하고 성취할 것인지를 학습자가 자기 주도적으로 결정함
학습 경험	학습자의 의견과 선택권을 수업에 반영하기 위해 교사와 학습자가 함께 수업과 프로젝트를 재구성함	학습자가 학습자의 흥미, 열망, 열정, 재능 등을 기반으로 도전적인 학습 경험을 설계함

학습 도구 및 전략	학습자와 교사가 함께 정보에 접근하고 내용에 참여하며 학습자가 알고 이해하는 것을 표현하기 위해 적절한 도구와 전략을 사용함	자신의 학습과 사고를 확장하기 위해 보다 심층적이고 도전적인 경험을 할 수 있게 하는 도구와 전략을 학습자가 독립적으로 적용함
학습 기준 성취	학습자가 이미 역량 기반 시스템이 자리 잡았거나 역량 기반 시스템으로 전환 중인 체제 속에서 학습 기준을 성취했는지를 증명함	자신의 속도에 따라 배우고, 역량 기반 체계에서 학습의 증거를 통해 학습 기준 성취를 증명함
학습 기회의 확장	교사와 학습자가 함께 학습자의 학습 계획에 있는 대학, 진로, 개인적 목표와 시민으로서의 목표를 이루기 위해 확장된 학습 기회(보충수업 또는 방과후 활동)를 결정하고자 노력함	학습자는 자신의 관심, 열망, 열정 및 목적뿐 아니라 대학, 진로, 개인적 목표와 시민으로서의 목표를 이루기 위해 확장된 학습 기회(보충수업 또는 방과후 활동)를 스스로 선택함
평가	학습자는 동료평가 및 자기평가 전략의 설계에 기여하고 학습을 성찰함	학습자가 평가를 설계하고 부모, 동료, 교사, 커뮤니티가 참여하는 전시회를 통해 학습의 증거를 보여 줌

Bray, B. & McClaskey, K. (2016). How to personalize learning: A practical guide for getting started and going deeper. CA: Corwin.

는 것은 학습자 주도성이 "학습자가 자신의 학습 계획을 수립하고 달성하기 위해 필요한 학습 전략과 기술을 스스로 선택할 수 있고 학습 내용과 학습 경험을 결정하며 평가까지도 수행할 수 있는 자율적 능력"으로, 가장 발달한 형태의 개별화 학습을 보여 준다는 것이다. 학습자 주도성에 관한 논의에서 반복해서 등장하는 주요 표현들이 있다. '독립적', '주도적', '스스로의 선택과 결정', '자율적', '개별성', '수준별', '맞춤형' 등이다. 획일화되고 종속적, 의존적, 타율적이었던 기존에 학습 관행에 대한 저항을 엿볼 수 있다. 학습자 주도성 논의는 기존의 교육에서 교사나 외부의 규정에 종속되어 있던 타율적 학습자를 부정하고, 학습자 각자의 흥미 · 적성 · 관심에 따라 각 사람의 수준별로 개별화된 맞춤형 학습 과정을 스스로 계획 · 구성 · 평가하고 주도적으로 책임질 수 있는 자율적인 학습자의 모습을 강조한다.

학습자 주도성 담론의 대두: 미래교육 담론

미래교육과 관련하여 학습자 주도성에 대한 논의가 더욱 활발해지고 있다. 초연결성과 초지능화로 대표되는 기술의 발전으로 예측 불가능성이 커짐에 따라, 미래 사회에서는 주어진 틀 내에서 정해진 답을 잘 찾는 사람보다는 불확실하고 예측 불가능한 상황에서도 새로운 아이디어로 자신만의 답을 찾아가는 사람이 중요한 역할을 할 것으로 기대된다. 다수의 미래교육 담론에서는 미래 사회에 지식의 양이 폭발적으로 증가하고 변화의 속도가 급격히 빠를 것으로 예측하고 있으며, 이와 같이 급격하게 변화되어 가는 학습 환경에서는 무엇보다 스스로 자신의 학업에 관한 계획, 점검, 평가를 실천하고자 하는 자기 주도성이 필수적 역량이 될 것이라고 지적한다(김아영, 2014:594). 따라서 미래교육에서도 "학습자가 주체가 되어 학습을 활발하게 촉진할 수 있는 환경을 스스로 구성하는 것"이 필요하다는 공감대가 형성되면서 학습자 주도성에 대한 논의가 더욱 설득력을 얻고 있다.

또한 디지털 기술의 발달과 온라인 학습 플랫폼을 활용한 '학습자 주도 맞춤형 학습(personalized learning)'도 활발하게 논의되고 있다. 학습자 주도 맞춤형 학습은 학습의 내용과 속도, 교수 방법 등을 학습자의 필요에 맞추어 최적화하는 교수학습 방법을 지칭한다. 여기서 학습자의 필요에 맞추어 최적화한다는 것은 학습자가 학습 활동의 계획, 선택 등에서 의사 결정의 주체가 되어 "무엇을, 어떻게, 언제, 어디서, 배울지에 대해 학습자의 목소리가 반영되고 학습자의 선택이 가능하다"는 것을 의미한다(Redding, Murphy, & Twyman, 2016:5). 이와 같은 학습자 주도 맞춤형 학습에 대한 논의가 가능한 것은 유비쿼터스 학습 환경과 데이터 기반 학습 분석, 데이터 마이닝, 빅데이터 분석, 인공지능 등 디지털 기술의 발전으로 학습의 계획부터 평가에 이르기까지 학습자가 스스로 선택하고 결정하는 학습자 주도 학습이 가능한 환경이 갖추어졌기 때문으로 보인다.

교육부(2016)에서 발표한 "지능정보사회에 대응한 중장기 교육 정책의 방향과 전략" 보고서에서는 미래교육의 방향에 대한 정부의 대응책을 볼 수 있다. 교육부는 제4차 산업 혁명 도래로 인한 미래 사회의 특징을 '지능정보사회'로 규정하고 이에 대비하기 위한 미래교육의 방향성을 다섯 가지로 제시한다. 첫째로 학생들의 흥미와 적성을 최대한 발휘할 수 있는 교육, 둘째로 사고력 · 문제 해결력 · 창의력을 키우는 교육, 셋째로 개인의 학습 능력을 고려한 맞춤형 교육, 넷째로 지능정보기술 분야 핵심 인재를 기르는 교육, 다섯째로 사람을 중시하고 사회통합에 기여하는 교육이다. 이 다섯 가지 방향성은 각각 유연화, 자율화, 개별

표 1-2 지능정보기술 발달에 따른 미래교육의 방향 및 특징

미래교육 방향	구체적 교육 방향	특징
1. 학생들의 흥미와 적성을 최대한 발휘할 수 있는 교육	학생의 수업 선택권을 확대하고, 학교에서뿐만 아니라 지역사회, 온라인 등을 통한 다양한 학습 활동이 활성화되도록 학사 제도를 유연화	유연화
2. 사고력, 문제 해결력, 창의력을 키우는 교육	학교 현장에서 다양한 수업 혁신을 가져올 수 있도록 교육과정과 평가에 대한 교사의 자율권을 확대하고, 역량을 갖춘 교원 양성을 위한 교육을 강화	자율화
3. 개인의 학습 능력을 고려한 맞춤형 교육	개별 맞춤형 학습을 지원하는 지능형 학습지원시스템 및 첨단 미래학교 구축을 통해 학습효과 극대화 및 교육 경쟁력 제고	개별화
4. 지능정보기술 분야 핵심 인재를 기르는 교육	지능정보기술 분야를 선도하는 세계 최고 수준의 전문 인력을 양성하여 국가경쟁력 제고	전문화
5. 사람을 중시하고 사회 통합을 이루는 교육	4차 산업 혁명에 따른 인간 소외, 양극화 등의 부작용을 최소화할 수 있도록 인간을 중시하고 사회 통합을 지향하는 교육 강화	인간화

출처: 교육부(2016). 지능정보사회에 대응한 중장기 교육정책의 방향과 전략. 교육부.

화, 전문화, 인간화라는 키워드로 대표될 수 있다. 각 방향성과 특징 및 구체적인 교육 방향은 표 1-2와 같다.

　　교육부는 미래교육의 방향과 관련하여 "자기 주도적 학습 능력을 길러 주기 위해" 교육과정을 편성하여 운영해 왔고, 그것이 미래교육에서도 중요한 특징임을 밝힌다. 이와 같은 정부의 의지는 단순 암기 위주의 획일적 교육을 지양하고 "개별 맞춤형 학습"을 지원하는 것, "학습자의 흥미와 적성을 최대한 발휘"할 수 있도록 하는 것 등 학습자 중심 철학의 방향을 따르는 것으로 드러난다. 학습자 주도성은 미래교육에서 학생들이 길러야 할 핵심 역량의 하나로 주목받고 있으며, 교육과정이나 구체적인 수업 전략 측면에서 학생들의 학습자 주도성을 길러 주기 위한 수업 환경을 구축하는 것이 중요 과제로 부상하고 있다.

학습자 주도성 담론의 정책적 계보

앞서 살펴본 것처럼 학습자 주도성 담론은 학습자 중심 사상에 뿌리를 두고 확장, 발전되어 왔다. 이와 같은 이론적 발전 과정과 함께, 학습자 중심 아이디어가 어떤 정책으로 구현되어 왔는지 살펴볼 필요가 있다. 이 과정에서 필연적으로 '누가 그 정책을 주도했는가?' 하는 주체의 문제, '어떤 힘과 권력의 기제를 통하여 관여했는가?' 하는 권력의 문제, '정책화의 과정에서 어떤 담론을 선택했으며, 어떤 의도와 배경에서 선택했는가?' 하는 선택과 배제의 문제를 다루게 된다. 하나의 정책이 구성되어 실행되는 과정에서 이 모든 것이 복잡하고 역동적으로 작용한다. 이론 차원에서는 보이지 않던 빛과 그림자가 생기는 것이다. 이 절에서는 학습자 주도성 담론의 정책화 과정을 계보 분석의 방법으로 추적해 보고자 한다.

학습자 중심 담론 정책화의 첫 단추: 5·31 교육개혁안
우리나라 교육과정 문서에 학습자 중심 정책이 구체적인 모습을 드러낸 것은 언제일까? 답은 5 · 31 교육개혁안이다.

5 · 31 교육개혁안은 김영삼 정부의 대표적인 교육개혁 정책으로 알려져 있다. 5 · 31 교육개혁안은 기존의 교육과는 획기적으로 다른, 교육의 패러다임적 전환을 초래했다는 평가를 받는다. 어떠한 점에서 그러한가? 먼저, 공급자 위주의 교육에서 수요자 중심의 교육으로의 전환이다. 5 · 31 교육개혁안은 "종래의 획일적인 교육으로부터 교육

을 다양화·특성화"하고, 교사 등 종래의 "교육 '공급자'에서 학생, 학부모 등 '소비자' 중심 패러다임으로 전환"했다. 또한 국가 통제 위주의 획일적 교육을 탈피하여 단위학교로 권한을 이양했다. 이를 통해 각 단위학교와 학생들의 책무성과 자율성에 바탕을 둔 교육을 도모하고자 했다. 또한 시대적인 변화에 발맞추어 세계화·정보화 시대에 필요한 교육으로 전환했을 뿐 아니라, 기존의 교사 중심 평가에서 탈피하여 역으로 교육 공급자에 대한 평가를 통해 학교교육의 질적 향상을 도모하는 등 그야말로 혁명적이라 할 수 있는 교육의 패러다임적 전환을 시도했다. 이와 같은 새로운 교육 체제를 수립하기 위한 구체적인 교육개혁 방안으로 열린 교육사회, 평생학습사회 기반 구축, 대학의 다양화와 특성화, 초·중등교육의 자율적 운영을 위한 학교 공동체 구축, 인성·창의성을 함양하는 교육과정, 국민의 고통을 덜어 주는 대학 입학 제도, 학습자의 다양한 개성을 존중하는 초·중등교육 운영, 교육 공급자에 대한 평가 및 지원 체제 구축, 품위 있고 유능한 교원 육성, 교육 재정 국민총생산(GNP) 5퍼센트 확보(1998년까지) 등 아홉 가지 실천 방안을 제시했다(신현석, 1996).

이상과 같은 내용을 기본 골자로 하는 5·31 교육개혁안은 발표 당시 언론의 큰 주목을 받았다. 당시 언론 보도를 보면, "교육의 기본 틀을 획기적으로 개조하는 청사진"(최기영, 1995), "교육혁명이라고 불릴 만큼 획기적이고 충격적"(홍순강, 1995), "대증요법이 아닌 근본 치유를 겨냥"(곽정수, 1995) 등의 진술에서도 알 수 있듯이 매우 긍정적인 평가를 받았다는 것을 알 수 있다. 그러나 20년 후 오늘날 5·31 교육개혁안은 "지구촌을 휩쓸고 있는 신자유주의 이데올로기에 사로잡힌 사람들의 무모한 기획"이자 "교육 불평등을 심화시켜 사회 통합을 깨뜨리게 될 편협하기 짝이 없는 가설"(김용일, 2000)이라는 매우 부정적인 평가를 받기도 한다. 왜 그런가?

5·31 교육개혁안에 대한 주된 비판의 핵심은 그것이 신자유주의 시장 원리에 근거한 교육개혁안이라는 데 있다. 5·31 교육개혁안은 '수요자 중심'이라는 경제 용어가 '학습자 중심'이라는 교육 용어와 동의어로 사용되기 시작한 최초의 교육개혁안이다. 그뿐만 아니라, 기존의 교육계에서 사용하지 않던 경제 용어인 자율, 경쟁, 수요자-공급자, 서비스라는 용어를 공식 문서 수준에서 사용한 상징적 사례로 그 근간에 시장 경쟁 원리에 기반한 교육 체제 재편을 지지하는 신자유주의적 입장을 담지하고 있다는 것이

다(이윤미, 2001). 이는 우리나라의 학습자 중심 교육 정책들의 뿌리가 사실은 신자유주의 시장 경제 원리에 기초하여 수용되고 확산되어 왔다는 것을 시사하는 대목이기도 하다.

이와 같은 신자유주의 시장 경제 원리에 기반한 5·31 교육개혁안이 등장하게 된 배경은 무엇인가? 당시 국정 지표였던 '세계화'를 들 수 있다. 1994년 11월 17일 김영삼 대통령은 호주 시드니에서 '세계화 선언'을 발표하고, 1995년 1월 25일 세계화 구상 구체화, 4월 27일 '대통령의 신교육 구상'을 발표했다. 이와 같은 배경에서 1995년 5월 31일 교육개혁 방안이 보고, 채택되었다. 당시 국정 지표였던 세계화의 맥락에서 국제기구의 동향을 적극적으로 반영하려는 의지가 5·31 교육개혁안의 내용에 반영된 것으로 해석된다. 1995년 초반 교육개혁위원회의 일부 인사들이 유럽 시찰 과정에서 경제협력개발기구(Organization for Economic Cooperation and Development, 이하 OECD)를 방문했는데, 이들이 5·31 교육개혁안을 만들기 위해 당시 방문했던 OECD에서 이루어지던 논의를 주된 자료로 참고한 것이다(김용·박대권, 2018:91).

또한 당시 교육개혁안을 구성하던 교육개혁위원회를

실질적으로 주도했던 인사들이 주로 경제학계 출신 인사라는 것도 지적할 수 있다. 이들과 교육학계 출신 인사들 간에 교육적 원리를 정하는 과정에서 작용했던 모종의 길항 작용과 타협 과정을 들여다보는 것도 매우 흥미롭다. 김용・박대권(2018)은 '자율'에 대한 양측의 이해가 서로 달랐던 점에 주목한다. 교육학자들이 자율에 긍정적인 반응을 보인 데는 그동안 한국의 교육 관행이 타율과 획일화 일변도로 이루어진 것에 대한 문제의식이 작용했다. 즉, 교육학자들의 입장에서 자율은 기존의 타율적・획일적 교육 정책의 반대급부를 의미했다. 그러나 경제학계 출신 인사들이 생각하는 자율은 '규제 완화'의 다른 이름이었다. 타율에 대한 반대급부로서의 자율과, 규제 완화로서의 자율이 만나 5・31 교육개혁안의 자율 정책들이 들어선 것이다.

또한 김용・박대권(2018)은 제1기 교육개혁위원회 전문위원들 중 경제학계 출신 인사들의 영향력이 더 강했다는 것에 주목하고, 이것이 5・31 교육개혁안에 신자유주의 경제 논리가 적극적으로 반영된 것과 무관하지 않다고 주장한다. 이로 인해 5・31 교육개혁안의 주된 내용이었던 규제 완화, 권한 이양, 신공공관리의 원칙들, 학교 자율

경영, 소비자-공급자 논리 등 신자유주의 원리들이 그 어느 때보다 적극적으로 교육 정책으로 수용된 것으로 추정할 수 있다는 것이다.

한 걸음 더 나아가, 신자유주의적 시장 경제 원리에 근거하여 입안된 5·31 교육개혁안이 별다른 저항 없이 수용될 수 있었던 것은 당시 국정 지표였던 세계화에 부응하기 위함이었고, 그에 부응하기 위해 국제기구인 OECD의 정책 방향을 적극적으로 참조했다는 점에 주목해 보자. 김신복(2003)은 5·31 교육개혁안이 여러 면에서 그 이전의 교육개혁 논의와 차원이 다른 것은 바로 OECD와의 연계에 기인한다고 주장한다. 그는 5·31 교육개혁안의 배경으로 세계화와 정보화를 지목하며, 이는 교육개혁안에서 직업교육과 인적자원개발, 학교 제도의 유연화 및 평생학습 체제에 대한 관심으로 표현되었다. 즉, OECD와의 정보교류를 바탕으로 한 세계정세가 큰 영향을 미쳤고, 그것이 세계화를 기조로 하는 우리나라의 국정 지표에 영향을 미쳤고, 그것이 경제 관료를 주축으로 하는 교육개혁위원회에서 별다른 의심 없이 적극 수용되기에 이르렀다는 것이다.

학습자 중심 담론의 진원지: 국제기구의 신자유주의 교육 정책 선포

앞서 살펴보았듯 우리나라 교육 정책의 결정 과정에 국제 기구가 미치는 영향을 간과해서는 안 된다. 이제는 한 국 가가 전적으로 교육 정책을 집행하고 평가하는 것이 아니 라 국가 밖에 있는 다양한 정책 주체가 전 지구적 차원에서 각국의 교육과정에 개입하는 경우가 늘고 있다. 교육 관련 국제기구인 국제연합교육과학문화기구(United Nations Educational Scientific and Cultural Organization, 이하 UNESCO)뿐만 아니라 세계은행(World Bank), 국제통화 기금(International Monetary Fund, 이하 IMF), 세계경제 포럼, OECD 등의 다양한 국제기구들이 경제뿐만 아니라 교육에도 상당한 관심을 보이고 있다. 실제로 글로벌화, 정보화, 지식경제, 책무성, 질 평가와 관리, 시장, 경쟁, 혁 신, 학습 성과, 평생학습, 사회적 자본, 4차 산업 혁명 등 최 근 교육 정책 분야에서 비중 있게 다루어지고 있는 담론들 은 UNESCO, OECD, WEF, 세계은행 같은 국제기구가 직 접적으로 형성했거나 이 기구들을 실질적으로 주도하는 영미권 국가와 거기서 이루어진 논의를 중심으로 확산되 어 온 경우가 대부분이다.

전 세계가 글로벌화·전 지구화되어 간다는 것은 자율적으로 결정된 것처럼 보이는 국가의 정책도 알고 보면 국제기구의 영향에서 자유롭지 못함을 의미한다. 전 지구적 통치, 전 지구화라는 말이 통용되는 것은 국가 간 상호 의존성과 연결성이 증가하고 시장의 영향력이 커지면서 한 국가의 문제와 관련된 권력, 자원, 사람 등의 범위와 영향권이 전 지구적 수준으로 변화하고 있음을 의미한다. 한 국가가 전적으로 정책을 수립, 집행, 평가하는 것이 아니라 국가 안팎의 다양한 행위자들이 연합하여 지구적 차원에서 문제를 규정하는 전 지구적 교육 거버넌스(global education governance) 체제가 구축되었다고 할 수 있다(손준종, 2014).

OECD는 전 지구적 교육 거버넌스를 이끌어 가는 핵심 국제기구다. UNESCO가 협약, 권고 등의 형태로 세계 각국의 교육 정책에 영향을 끼친다면, OECD는 데이터의 생산 및 국가 간 비교를 통하여 교육 규범과 기준을 설정하고 참여국들이 이 규범과 기준을 자발적으로 준수하도록 유도하는 방식을 취한다. OECD는 1970년대 이후 특수교육, 다문화교육, 참여교육, 평생교육 등이 회원 국가에서 제도화되게 함으로써 각국의 교육 정책에 영향력을 확대해 왔다. 그런데 OECD는 '세계경제협력개발기구'라는 이름에서도 알 수 있듯이 교육 기구가 아니라 미국과 영국 등 서구 국가를 중심으로 하는 경제 기구로 출범했다. 냉전 시기에 선진 자본주의 국가의 이익을 도모하기 위해 설립되었으며, 서방 국가의 군사적 안전 보장 기구인 북대서양조약기구(North Atlantic Treaty Organization, NATO)의 경제 분야 파트너로 조직된 것이다. OECD는 구소련 등 공산주의에 대항하여 시장 경제와 다원적 민주주의 확산을 주요 가치로 내세웠으며 출범부터 지금까지 자본주의 성장, 자유 무역의 확장, 시장 경제의 강화를 위한 활동을 전개해왔다(정용주, 2015).

이와 같은 태생적 특성 때문에 OECD는 교육을 경제주의적 관점에서 경제 발전의 수단으로 이해한다. OECD의 교육 정책은 교육과 노동 시장 및 경제를 강하게 결합하는 노선을 견지한다. 김영화(2015)는 노동, 경제 정책을 주로 다루던 OECD에서 어떻게 교육에 주목하여 교육과 경제를 결합하는지 그 과정을 면밀히 분석했다. 저자에 따르면 OECD 출범 당시 교육은 주된 관심사가 아니었으나 1960년 대에 교육이 경제 성장의 요인이라는 생각이 확산되면서 전 세계적으로 교육에 대한 투자가 확대되었고, OECD도

경제 발전의 주요 동인으로서 교육에 적극적인 관심을 나타내게 되었다. OECD는 '경제 발전을 위한 교육'의 담론을 국제적으로 형성하고 이와 관련된 연구를 수행하는 등, 교육과 경제 발전을 적극적으로 연결하려는 노력을 기울인다.

1990년대에 들어서며 OECD는 교육 부문의 중요 주체로 부상하기 시작했다. 이 시기에 OECD는 교육 부문에 상당한 예산을 투입해서 여러 가지 교육 지표를 개발하고, 2002년에는 교육국을 설치해 교육에 더욱 적극적인 관심을 기울이기 시작했다. 성장의 한계 및 자본 축적의 위기라는 구조적 문제에 직면한 자본주의의 위기를 타파하기 위해서는 교육이 경제와 긴밀한 관계를 맺을 필요가 있다는 판단을 했기 때문이다. OECD는 교육을 경제 개발을 위한 도구적 개념으로 바라보고 지식과 정보를 중심으로 재편되는 새로운 자본주의 생산 과정에서 성장과 자본 축적을 담보할 새로운 인간 자본의 형성에 관심을 기울여 왔다 (손준종, 2014).

그렇다면 경제 기구인 OECD는 어떻게 교육 부문에서 전 지구적 영향력을 확장할 수 있었을까? 이에 답하기 위해 OECD의 대표적 통치 전략 두 가지를 살펴볼 필요가 있다.

OECD 통치 전략 1: 신자유주의 통치성

OECD에서 적극적으로 추진한 교육 정책 및 교육 담론은 신자유주의 원리에 바탕을 둔다. 김천기(2012)는 신자유주의의 특징으로 다음 세 가지를 든다. 첫째, 자원 배분 기제로서 시장의 효율성에 대한 신뢰다. 둘째, 자유 무역과 자유로운 금융 자본의 이동을 가능하게 하는 대외 개방과 자유화 및 탈규제를 요구하며 공공 영역에 시장 논리와 경쟁 원리를 도입하는 것이다. 셋째, 경제 정책으로 균형 재정을 지향하는 긴축 위주 재정 통화 정책, 소득 재분배보다 감세 위주의 조세 정책을 강조하는 것이다. 1990년대 중반에 접어들어 신자유주의적 국가 개입은 보다 공격적으로 전환되었다. 신자유주의적 국가 개입은 신자유주의의 시장 개혁을 이루는 것을 목적으로 하며 소득세와 법인세 감세 정책, 재벌 규제 완화, 부동산 규제 완화, 금융화 정책, 민영화 정책, 비정규직 정책 등을 예로 들 수 있다(김천기, 2012).

OECD가 취했던 신자유주의 개혁 정책들 중 교육과 관련된 대표적인 것으로 권한 이양, 학교 단위 개혁, 인간자본론(역량), 평생학습 담론 등을 들 수 있다. 권한 이양은 당시 OECD 행정 개혁을 상징하는 가장 중요한 용어다. 정부가 하던 일을 민간에 위탁하고, 정부 규제를 혁파하고,

그 공간에 소비자 선택을 가능하게 하여 공급자 경쟁을 촉발하며, 정부는 평가를 통하여 공급의 질을 관리하고 소비자 만족을 제고하는 것을 의미한다. 한마디로 정부 권한을 축소하고 시장을 통한 경쟁을 가능하게 하는 것이다.

학교 단위 개혁은 학교 자율 경영(school based management, SBM)으로 구체화되어 논의되었다. 정부의 과도한 학교 규제를 혁파하고, 학교 스스로 운영할 수 있도록 하자는 것이다. 이와 같은 학교 개혁의 방향은 학교가 교사를 초빙할 수도 있고 학생이 자신이 원하는 학교를 선택할 수도 있도록 함으로써 교사 간, 학교 간 선의의 경쟁을 촉발해 학교교육의 질을 높일 것이라는 기대를 모았다.

또한 OECD는 신자유주의 경제 원리 아래서 교육과 경제의 통합을 시도하고 인간자본론의 관점에서 평생학습 담론을 강조했다. 2000년대에 OECD는 교육을 지식 기반 사회에 필요한 인적 자본과 사회적 자본을 형성하는 장치로 인식하고 평생학습 사회의 실현, 개인 발전과 지속 가능한 경제 성장, 사회 통합의 달성 등에 관심을 기울였다(정봉근 · 김이경 · 김영곤 · 황호진 · 한유경 · 홍민식, 2006; 홍민식, 2006). 기존 평생학습 담론은 인본주의적 관점에서 UNESCO가 주도적으로 형성, 발전시켜 왔지만 현재는

OECD가 주도하는 인적자원개발 중심의 신자유주의 평생 학습 담론이 이를 압도하고 있다.

우리나라에 2015 개정 교육과정의 중요 원리로 도입되었던 '역량' 개념 또한 신자유주의의 맥락에서 이해할 수 있다. 역량은 OECD가 새롭게 정의한 인간 자본의 핵심 개념으로, 1997년부터 2003년까지 수행된 DeSeCo(Defining and Selecting Key Competencies) 프로젝트의 결과물이다. OECD는 국가 간 경제 협력을 목적으로 전 지구적 자본주의 생산 체제에 요청되는 인간 자본을 정의하고, 이에 따른 국가별 교육 정책을 수립하고자 했다. 즉, OECD는 새로운 자본주의 생산 과정에서 성장과 자본 축적을 담보할 새로운 인간 자본 형성에 관심을 기울였는데, 여기서 중요한 개념으로 등장한 것이 바로 '역량'인 것이다(정용주, 2015). OECD는 핵심 역량을 개념화하면서 학교 교과와 관련된 지식이나 기술로는 경제적 요구에 맞는 인간을 기르기 어렵다고 판단했다. 대신에 학교와 일터 어느 한쪽에 제한되지 않고 학생과 노동자 모두의 삶을 성공으로 이끌며, 더불어 사회가 잘 기능하도록 하는 데 기여할 수 있는 새로운 인간 자본 개념을 정의하기 위해 역량 개념을 제시했다(정용주, 2015). 특히 국제학업성취도평가(Programme for

International Student Assessment, 이하 PISA) 같은 국제 비교 평가에서 창의력, 논리적 사고력, 문제 해결 능력 등과 같은 역량을 평가에 포함하면서 역량은 개별 국가 경쟁력의 강화를 위해서도 중요한 것이 되었다.

OECD 통치 전략 2: 수에 의한 통치

다양한 국제기구 중에서도 특히 OECD가 막강한 영향력을 행사하게 된 이유는 무엇인가? 이는 OECD 통치성의 핵심이라고 할 수 있는 수(數)와 관련이 있다. OECD는 세계화에 대한 경제적 적응과 국가 간 비교 통계 및 연구를 제공하는 방식으로 각국의 교육 정책에 영향을 끼쳐 왔다(Mundy & Ghali, 2009:722).

OECD가 교육에 직접적으로 영향을 끼치기 시작한 계기는 1997년 PISA의 개발이다. PISA는 여러 국가의 교육을 단일 기준에 따라 평가하여 그 결과를 비교하고 순위를 발표하는 표준화된 교육 지표라 할 수 있다(손준종, 2014). OECD는 회원국에게 공식적으로 규정된 의무를 부과하는 방식을 피하고, 그 대신에 자발적 합의에 따른 통제를 강조한다. 이를 위하여 경제, 사회, 교육 등과 관련된 다양한 지표를 생산, 관리, 통제하는 규칙 제정자로서 이들 지표를 회원국들이 자율적으로 준수하도록 하는 독특한 통제 체제를 구축했는데, PISA는 이러한 OECD의 대표적인 교육 지표이자 교육 거버넌스의 핵심 수단이라 할 수 있다. PISA에 참여하는 국가도 점차 늘어나서 이제는 참여 국가들의 경제 규모가 세계 경제의 약 90퍼센트에 달하는 등 영향력이 커지고 있다.

PISA의 부상은 OECD의 교육 사업 추진 방식에도 변화를 가져왔다. 초창기에 OECD는 담론을 통한 아이디어 생산에 주력했으나, 1990년대 이후로는 정책 평가와 데이터 생산으로 그 관심사를 확대했고 이를 통한 '초국가적 정보 관리'를 통해 세계 교육에 막강한 영향력을 행사하고 있다 (김영화, 2015). OECD가 발간하는 보고서는 많은 나라에서 인용되며, 국가 간 비교 자료는 참여 국가에서 미디어의 관심을 집중시키기도 한다(OECD, 2003). OECD의 국가 교육 정책 분석 결과는 개별 국가가 특정 정책을 수립하거나 집행할 때 정책의 정당성과 지지 기반을 확보하기 위한 수단으로 활용되고 있으며(Amos, 2010; Rinne, Kallo & Hokka, 2004), 특히 어려운 교육 정책 결정을 정당화하는 데 효과적인 수단으로 활용되어 왔다(Wielemans, 2000).

OECD는 국가 간 비교가 가능한 데이터를 수집 · 분석하여 공개하고 있으며, 점차 데이터의 범위를 확대해 가고 있다. OECD는 데이터를 생산할 뿐 아니라 다양한 방식으로 국가 간 비교를 실시하여 국가 간 서열화를 가능하게 함으로써 간접적인 방식으로 개별 국가들의 교육 정책에 영향을 미치고 있다. 2000년부터 3년 주기로 실시되고 있는 PISA로 인해 OECD의 명성은 드높아지고 있다. PISA의 탄생으로 OECD는 UNESCO를 대신하여 세계 교육 정책의 리더로 자리매김했다(Rubenson, 2008). PISA는 각국 교육에 관한 비교 지표를 제시하고, 이를 통해 국가 간 서열화를 공표함으로써 수와 비교를 통한 교육 거버넌스를 확립하여 세계 여러 국가의 교육을 변화시키는 동력이 되었다. 이를 통해 국가 간 경쟁과 정책 차용을 효과적으로 촉진하며 '수에 의한 통치'를 강화하는 기제로 작용하고 있다. 실제로 2000년부터 작성되고 있는 PISA 결과 보고서를 통하여 많은 국가들이 교육 정책의 전환을 시도하고 있으며, 역량 중심 교육과정 개정이나 평생학습 담론 등 유사한 교육 정책이 세계적 차원에서 확산하는 유동 개혁(travelling reform)이 이루어지고 있다(김용 · 박대권, 2018).

우리나라 교육 정책의 신자유주의화 과정

5 · 31 교육개혁안은 이후 우리나라 교육 방향의 기조를 바꾸어 놓았다고 할 만큼 공교육의 교육 정책과 제도에 큰 영향을 미쳤다. 5 · 31 교육개혁안은 형식적으로는 한국 교육의 세계화를 표방하면서, 내용적으로는 한국 교육의 신자유주의적 개편을 추구했다는 비판을 받는다(정용주, 2015). 놀라운 것은 5 · 31 교육개혁안이 표면적으로는 학습자 중심의 원리를 주장하면서 실제로는 신자유주의에 기반한 수요자 중심 교육과정으로 채워졌다는 것이다. 김천기(2012)에 따르면 5 · 31 교육개혁안의 핵심은 무엇보다 수요자 중심 교육 이념에 있다. 당시만 해도 수요자 중심 교육은 생소한 개념이었고, 따라서 일부 교육학자나 교원에게 그 개념은 '학생 중심 교육'의 동의어로 받아들여졌다. 그러나 수요자 중심 교육에서 중시되는 것은 공급자가 아니라 수요자다. 수요자는 다름 아닌 소비자이며, 수요자 중심 교육은 일종의 상품이 된다. 무엇보다 교육을 수요자(소비자)-공급자라는 경제적 관점에 의해 파악하는 것은 전혀 교육적이지 않다. 물론 소비자 중심성이 소비자의 요구에 귀를 기울이게 한다는 긍정적인 효과가 있지만, 어디까지나 공급자의 이익을 극대화하기 위한 마케팅 논리에

지나지 않는다. 앞서 살펴본 학생 중심 교육 이념에는 교육의 상품화라는 맥락은 존재하지 않는다. 수요자 중심 교육과 거리가 있는 것이다.

그렇다면 5 · 31 교육개혁안의 신자유주의 논리는 이후 우리나라의 교육 정책화 과정에서 어떻게 변용되어 드러났는가? 이를 위해 학습자 중심 교육과정을 공식적으로 표방하고 선포된 제7차 교육과정을 살펴볼 필요가 있다. 1997년 12월 30일 고시되어 2000년부터 단계적으로 적용된 제7차 교육과정은 21세기 사회를 염두에 두고 개발된 것으로, 21세기 정보화 · 세계화 시대에 세계를 주도하는 경쟁력 있는 인간을 효과적으로 양성해 내는 것을 목적으로 한다(소경희, 2017). 제7차 교육과정에서는 획일성이라는 특징을 벗어나지 못했던 우리나라 학교교육을 다양성을 존중하는 학교교육으로 전환하기 위하여 '학생 중심 교육과정'을 표방하고, 이를 구체적으로 실현하기 위해 국민 공통 기본 교육과정의 도입과 더불어 '수준별' 교육과정, '재량 활동'과 '선택 중심' 교육과정이라는 새로운 체제를 도입했다(소경희, 2017).

우리나라 교육 정책은 제7차 교육과정이 학습자 중심 교육과정을 표방한 이후로 학습자의 권리와 자율성을 점차 확대하는 방향으로 개정되어 왔다. 예컨대 2007 개정 교육과정은 제7차 교육과정의 기본 틀을 유지하는 것으로, 제7차 교육과정에서 제시되어 10년간 운영되었던 국민 공통 기본 교육과정과 고등학교 2~3학년의 선택 중심 교육과정, 수준별 수업, 재량 활동 운영 등 학습자 중심 교육과정의 기본 기조가 그대로 유지되었다(소경희, 2017). 2009 개정 교육과정은 단위학교 차원의 자율적인 교육과정 운영을 통해 학생들의 학습 부담을 줄이고, 과중한 암기 중심 교육에서 벗어나 배려와 나눔을 실천할 수 있는 창의 인재를 양성하는 교육을 추구하고자 했다. 이를 위해 공통 교육과정과 선택 교육과정이 재설정되었는데, 고등학교 2~3학년을 대상으로 운영되었던 기존의 선택 중심 교육과정이 고등학교 전 학년으로 확대 · 적용되었고, 그 명칭도 '선택 교육과정'이 되었다. 또한 초등학교와 중학교에서 공통교육의 책무성을 강화하고 고등학교에서 학생들이 진로에 적합한 교과목을 선택할 기회를 확대하고자 했다. 또한 학습에 대한 부담을 줄이기 위해 학년군 및 교과군 개념을 도입했고 수업도 토론과 실험 중심의 수업으로 유도하고자 했다. 그 밖에 단위학교 교육과정의 편성과 운영상의 자율성을 증진하도록 각 학교가 교과군별 20퍼센트 범위 내에서 수업 시수를 자율적으로 늘이거나 줄일 수 있도록 했다. 더불어 단위학교의 교육과정 편성·운영의 자율성을 확대하여 학생의 진로와 적성을 고려한 다양한 선택 과목 개설이 가능하도록 했으며, 중학교 1학년 한 학기를 자유학기로 운영하도록 했다.

그러나 학습자 중심 교육과정의 핵심 원리로 자율, 선택권 강화, 권한 이양, 개별화, 책무성 등이 거론되면서 수요자 중심 교육과 학습자 중심 교육은 동의어로 인식되기도 한다. 학생의 선택권 강화는 수요자인 학생에게 선택받지 못하는 교육 시스템에 상품 가치가 없다는 인식으로 이어지고, 따라서 학교와 같은 공교육 기관은 소비자의 선택을 받기 위해 노력하게 된다. 그 과정에서 공교육이 추구하는 공적 가치나 교육 철학은 소비자의 요구보다 중요한 것이 될 수 없다. 언제부터인가 우리나라 교육과정 정책 문서에 빈번하게 등장하기 시작한 수요자, 공급자 같은 용어나 학습자 중심 원리로 거론되는 자율, 선택, 개별화 등의 용어는 신자유주의 경제 체제에서 사용되는 용어와 신기할 만큼 유사하다. 이 용어들의 등장 및 확산의 경로가 5·31 교육개혁안 이후로 점점 강화되어 왔던 신자유주의 경제 원리의 유입과 일치한다고 의심해 볼 수 있는 대목이다. 이를 합리적 의심이 되게 하려면, 학습자 주도성의 주요 원리들이 신자유주의 체제에서 어떻게 변용되어 교육과정 문서에 등장했는지 살펴볼 필요가 있다.

학습자 주도성의 신자유주의적 변용

학습자 중심 사상에서 교육의 목적은 자율적이고 독립적인 학습자를 기르는 것이다. 학습자 중심성에서 한 단계 더 나아간 것이 학습자 주도성이다. 이는 학습의 전 과정을 개별 학습자의 적성과 흥미에 맞게 개별화·맞춤화함으로써 자신의 수준에 맞는 내용을 선택하고, 자율적으로 학습할 수 있는 학습자를 길러 내는 것을 강조한다. 즉, 학습자 주도성 담론에서는 학교나 교사 등 외부의 개입은 최소화하고 학습자의 권한과 자유를 최대화하는 것이 학습자의 자율성, 선택권, 개별화된 학습을 촉진할 수 있는 것으로 가정되는 것이다. 그러나 학습자 주도성의 핵심 원리로 거론되는 자율성, 선택권, 개별화 등은 신자유주의 맥락에서 등장한 용어들이라는 점을 간과해서는 안 된다. 이것은 교육의 맥락에서의 자율성, 선택권, 개별화가 가치 중립적인 용어가 아니라 신자유주의의 여과기를 통과해서 교육에 적용되었다는 것을 의미한다. 교육에서 빈번하게 언급되는 학습자 주도성의 주요 원리들이 어떻게 신자유주의적 색채를 띠는 것으로 변용되었는지 살펴보자.

학습자 중심에서 수요자 중심으로

신자유주의 맥락에서 학습자 중심 원리는 수요자 중심 원리로 대체된다. 이것은 학교가 시장화되었다는 것을 의미한다. 교육에 신자유주의 정책이 수용될 때, 그동안 공공의 책임이었던 교육이 사적인 책임으로 전환되는 민영화가 이루어진다. 단적으로 공교육의 신자유주의화, 민영화란 모든 교육 정책이 시장에 맡겨진다는 의미다. 신자유주의 정책에서 학생과 학부모는 교육의 수요자 혹은 소비자가 되고, 교사는 수요자에게 교육 서비스를 제공하는 공급자가 된다. 대표적인 예로 학습자의 수행 성과에 대한 표준화된 지표들을 개발하고, 정부가 이 지표로 얻은 수치를 교육 결과물로 간주하여 관리하며, 학부모들에게 이를 소비자 정보로 제공하는 것을 들 수 있다(정훈, 2011:162). 이 과정에서 학교별로 성적 등의 평가 지표를 이용한 비교가 가능해지고, 이를 토대로 소비자들은 어떤 학교가 성공했고 실패했는지 객관적인 자료를 갖게 된다. 결과적으로 좋은 학교에는 더 많은 학생이 몰리고 나쁜 학교는 자연스럽게 도태된다는 시장의 원리가 작동한다.

　수요자의 필요에 의한 교육을 한다고 할 때, 수요자인
학생과 학부모의 요구를 결정하는 것은 무엇인가? 시장 법
칙, 즉 입시 경쟁 법칙이다. 따라서 대학 입시에서 우위를
선점할 수 있는 방식으로 교육이 변화할 수밖에 없으며, 그
과정에서 상대적으로 성적이 높은 학생의 요구를 좀 더 적
극적으로 수용하게 된다. 왜냐하면 성적이 높은 학생의 대
학 입시 결과는 상품으로서 교육의 가치를 결정하기 때문
이다.

자율에서 개별화된 무한 경쟁으로

수요-공급의 경제적 관계에 기반한 신자유주의 맥락에서
'자율'은 어떻게 변용되는가? 신자유주의 원리에서 국가의
개입을 최소화하고 단위학교, 개별 학습자에게 권한 이양
을 함으로써 보장되는 '자율'은 기업처럼 학교와 개인도 자
신의 운명에 대해 스스로 책임을 져야 한다는 '책무성'의
개별화로 돌아온다. 학교와 개인은 무한 경쟁 사회에서 스
스로에게 생긴 문제와 위기를 해결하기 위해 자기 관리 ·
자기 경영 능력을 갖추어야 하며, 교육의 여러 문제를 관리
하고 해결할 책임 또한 단위학교와 개인에게 전가된다. 신

자유주의의 맥락에서는 입시 경쟁도 국가의 책임이 아니다. 이는 각 개인이 스스로 알아서 해결해야 할 문제이고, 학교가 알아서 관리해야 할 문제다. 우열반 편성, 방과후 학교 운영, 0교시, 보충 수업 등도 학교나 학부모가 알아서 선택해야 할 문제, 스스로 해결해야 할 문제일 뿐이다(김천기, 2012). 이것이 학교 자율화 조치다. 학교 자율화 정책으로 자율형 사립학교를 100개 이상 확대하고, 대학 입학 전형 자율화 정책을 통해서 일부 상위권 대학들이 자체 전형을 운영해 자사고나 특목고 출신의 학생들을 뽑을 수 있도록 방임한다. 그로 인해 생기는 모든 입시 부담과 사교육 부담은 학생과 학부모 개개인이 각자 자율적으로 해결해야 할 몫이 되고, 국가가 이를 규제할 필요는 없어진다. 자율에 따른 책임을 오롯이 개인이 져야한다고 할 때, 여기서 전제되는 '자기 주도적 주체'는 사실 학력 향상을 위해 스스로 자신을 관리하고 경영하는 '기업가적 자아'와 다르지 않다. 이것은 무엇을 의미하는가? 경영 성과를 저해하는 '리스크'를 직접 관리해야 한다는 것이다. 중상류층 학생의 경우 부모가 직접 리스크 관리자 역할을 해 주거나, 사교육 전문가에게 리스크 관리를 맡기기도 한다. 학생 자신이 직접 자신의 입시나 시험의 리스크 관리를 오롯이 담당해야 하는 것은 '결손가정', 취약계층의 학생뿐인 것이다(김천기, 2012).

　이러한 점에서 학교와 개인의 자율성과 선택권의 확대가 의미하는 것은 결국 무한 경쟁의 개별화와 그에 따른 개인의 책무성 증대라 할 수 있다. 무한 경쟁에 노출된 개별 학습자의 교육 결과는 표준화된 점수로 서열화되며, 서열화 결과는 곧 시장에서 경쟁력을 얼마나 갖추었는지를 나타내는 지표가 된다. 이 개별적 서열화에서 높은 위치는 곧 자기 관리의 성공을 의미하며, 낮은 위치는 실패를 의미한다. 여기서 각자가 얻은 결과에 책무성이 부과된다. 여기서 책무성이란 자신의 실패에 따른 책임을 자신이 져야하며, 국가나 관련 기관은 어떠한 책임도 지지 않겠다는 처벌적 책무성을 의미한다. 이것은 곧 신자유주의의 핵심 원리인 '책무성(accountability)을 통한 통치'를 가능하게 하는 근거가 된다. 책무성은 성취 지표, 교육의 질, 표준화 검사 등과 함께 신자유주의적 교육 거버넌스의 핵심이다.

　신자유주의식 교육 개혁은 대규모 학생 성취도 평가와 그 결과를 바탕으로 교육의 질과 수준을 판단하고 경쟁적인 방식으로 교육을 변화시키고자 한다. 이 과정에서 국가적 수준에서 행해지는 학업성취도 평가 결과는 책무성 강화에 활용된다. 투입이나 과정보다 결과에 주목해 학업의 결과로서 개인의 소양과 학교의 성적에 따라 징벌적으로 책무성이 부여되는 것이다. 강한 책무성은 구성원들이 자발적으로 외재적 규범에 순응하도록 하는 효과적인 기제가 된다. 국가의 개입 축소, 단위학교와 개인 학습자의 자율성을 증대할수록 국가교육과정이나 국가 수준 학업성취도 평가, 역량 지수 같은 국가 수준의 획일화되고 표준화된 수치가 강조되는 현상은 신자유주의식 자율성의 특징이라 할 수 있다.

가르침의 주변화: 교사에서 서비스 공급자로

학습자 주도성 담론에서 학습자(자아)는 환경(타자)으로 둘러싸인 독립적이고 고립적인 존재로 상정되고, 학습자의 주도성을 중심으로 학습자 개인은 완결적인 존재가 된다. 따라서 학습자는 학습을 계획하고, 과정을 설계하며, 평가까지도 주도할 수 있는 주체이고 이 모든 과정에서 교사는 학습자의 학습이 이루어질 수 있도록 환경을 조성하거나 도와주는 역할을 하는 촉진자 혹은 조력자가 된다. 또한 시장·수요자 중심 교육 개혁 논리가 대두되면서 전문가로서 교사의 지식과 기술, 권위, 교직의 전문적 자율성은 수요자의 요구에 종속되고 전문직으로서 교직보다는 서비스직, 감정 노동직으로서 교직이 부각되고 있다.

신자유주의 체제의 강화된 책무성이 교사 정체성을 어떻게 변화시키는지 살펴볼 필요가 있다. 신자유주의 정책을 통해 책무성이 강화되면서 교사들 간에 더 이상 남의 일에 개입하지 않는 고립되고 단절된 교직 문화가 형성되고 있다고 보고된다(엄기호, 2013:29). 이와 같은 상황은 교사 소진 또는 직무 스트레스로 직결될 우려가 있으며, 심지어는 교직에 대한 회의감이나 교사 정체성의 혼란을 야기하기도 한다.

손준종(2011:121)에 의하면, 교사들은 신자유주의 경쟁을 내면화함으로써 일상적·만성적으로 구조화된 불안과 무기력, 피로감을 호소하며 감정적으로 소진된 상태에 있다. 한국교육신문의 감정 근로 인식 조사 결과, 교사 1674명 중 96.5퍼센트가 자신을 감정 노동자라고 인식하며, 스트레스가 가중되는 이유에 대해 '수요자 중심 교육 강화와 교권 약화'라고 응답한 비율이 45.8퍼센트였다(조성철, 2014; 권미경·김천기, 2015). 이것은 신자유주의 정책이 도입된 이후로 강화된 교육자의 책무성과 소비자들의 지속적 요구 앞에 교사들이 느끼는 부담과 어려움이 교사 정체성의 혼란으로까지 이어지고 있음을 보여 준다.

또한 학습자 주도성 담론의 교사관, 즉 촉진자이자 조력자로서의 교사 역할이 신자유주의 맥락에서 어떻게 변용되는지 살펴볼 필요가 있다. 신자유주의의 맥락에서 교사는 수요자인 학부모와 학생에게 서비스를 제공하는 공급자가 된다. 특히 1995년 5·31교육개혁에서 수요자 중심 교육을 표방한 것을 시작으로 2000년대 후반의 학교 자율화 개혁을 거치면서 이러한 경향은 점차 강해지고 있다. 표준화된 시험을 자주 시행하고, 시험 결과에 기초하여 학교와 교사를 비교하고 책임을 묻는 체제를 구축하면서 교직 사회의 경쟁 구조가 형성되고 있다(정훈, 2011). 교육의 시장화 정책이 불러오는 평가 문화 속에서 교사들에게 요구되는 전문성은 무엇인가? 교육 목적, 교수와 학습의 내용, 교사가 처한 사회정치적 맥락에 대한 고민보다는 시험 성적을 올릴 수 있는 수업 기술이다. 교사가 수업 기술에 집중할 때, 자신이 가르치는 내용의 성격과 가치를 판단할 기회를 빼앗기고 학생의 흥미나 학생 이해에 대한 관심을 잃어버릴 가능성이 커진다(정훈, 2011).

특히 교사 평가 제도, 예를 들어 교원능력개발평가제 도입을 계기로 기존의 인적 자원 개발 분야에서 사용되었던 역량 개념이 주목받으면서 교사의 전문성 역시 직무 수행 역량에 기반하여 행동을 지표화하고 평가하는 방식으로 다뤄진다. 그러나 현재 강조되는 교사 역량이 신자유주의적 맥락에서 상품화된 교사 전문성을 의미하는 것은 아닌지 생각해 보아야 한다. 이와 같은 신자유주의적 교직 문화에서 강조되는 교사 전문성은 교사들을 표준화하는 데 영향을 미칠 뿐만 아니라 그로 인해 정작 교사로서 갖추어야 할 중요한 전문성의 요소들을 상대적으로 무시하는 것으로 작용할 위험이 있기 때문이다.

합리적인 선택이 계층의 양극화로

신자유주의 맥락에서 학습자의 선택권은 어떻게 변용되는가? 신자유주의 시장 원리는 다양한 상품을 비교하고 평가해 합리적 소비를 할 수 있는 소비자의 힘을 강조한다. 따라서 신자유주의 맥락에서 합리적인 소비자로서 학습자는 다양한 상품들 중에서 무엇이 자신의 개별성을 신장하는 데 도움이 되는지 판단하고 합리적인 선택을 할 수 있는 사람이다. 신자유주의 맥락에서 교육 정책은 학습자 개인의 선택권을 확대하는 방향으로 추진된다. 그동안 우리의 교육 정책에서 학생 개인의 적성과 수준에 맞는 교과를 선택하도록 하는 교과선택제, 이를 토대로 학점과 졸업을 연계하는 고교학점제, 자신의 진로와 적성에 따른 학교를 선택할 수 있도록 하는 학교선택제 등 개인의 선택권은 계속해서 확대되어 왔다. 그러나 신자유주의 맥락에서 선택권을 단위학교와 개인에게로 확대하는 것이 개인의 자율적이고 주도적인 학습으로 이어질 것이라는 생각은 지나친 낙관론이라 할 수 있다.

김천기(2012)는 신자유주의 정책에서 학생이 "다양한 교육에 대하여 선택할 수 있는 자유로운 주체"로 호명된다고 주장한다. 즉, "위계화된 고등학교 선택, 영·수 중심의 교과목 선택, 수준별 교육 선택, 보충수업, 방과후 학교 등의 선택을 할 수 있는 자유로운 주체"로 간주되는 것이다. 그러나 학생들에게 주어진 선택권이 곧바로 자신의 삶을 위한 유의미한 선택으로 이어지는 것은 아니다. 왜냐하면 대학 입시의 성과가 삶의 전반을 지배하는 상황이 학생의 선택지를 협소하게 만들 뿐 아니라 문화자본과 경제자본, 더 나은 부모 배경과 정보력이 선택에 절대적으로 중요한 영향을 미치기 때문이다. 결과적으로 교육의 시장적 기제는 '계급 양극화' 사회를 고착화하고, 불평등한 구조를 강화한다. 적자생존의 법칙을 강화해 빈익빈부익부 현상을 심화하고 사회를 양분하는 것이다.

　학생의 선택권 확대를 이야기할 때, 그 선택권이 누구에게 주어지는가를 간과하지 말아야 한다. 시장 질서에 종속된 공교육은 선택권을 갖지 못하는, 혹은 선택의 과정에서 불리한 위치에 있는 학생들이 교육에 참여할 기회 자체를 박탈함으로써 기존의 위계 구조를 영속화하여 불평등을 강화할 가능성이 있다. 결과적으로 가난한 사람과 잘사는 사람의 사회적 분리를 더욱 확대할 수 있으며 과잉 축적의 위험을 극대화한다(심성보, 1999). 신자유주의 교육 정책을 따르는 나라에서 개인의 선택권을 확대한 결과로 심각한 사회 양극화와 불평등을 얻었다는 것을 유념해야 할 것이다.

02
대안적 학습자 주도성 상상하기

학습자 중심성 또는 주도성이라는 아이디어의 대두는 특정한 시대적 맥락과 관련이 있다. 사상과 개념이 대두된 시대적 맥락을 놓치고 사상과 개념 자체를 절대적 교육 원리로 차용할 때, 이원론적이고 교조적인 주장을 하게 될 위험이 따른다. 이를 위해 1장에서는 학습자 주도성 개념의 대두와 그 배경을 알아보고, 정책으로 구현된 학습자 주도성의 모습을 살펴보았다. 이 장에서는 공교육의 본질에 부합하는 새로운 학습자 주도성 개념을 탐색하고자 한다. 이를 위해 우선적으로 교육에서 주도성이 왜 강조되어야 하는지, 주도성의 내용은 무엇인지 살펴볼 것이다. 이를 토대로 학습자 주도성의 교육적 지향을 제시하고 학습자 주도성을 '세계의 변화에 개입할 가능성', '책임 있는 시민으로서 실천 가능성'으로 개념화하고 이에 대한 개념 지도를 그려 볼 것이다.

사실 교육에서 가르침과 배움, 즉 교수와 학습은 분리된 것이 아니라 동전의 양면 같이 긴밀하게 관련된 하나의 현상이며, 교육은 언제나 가르치고 배우는 관계 안에서 일어난다. 해나 아렌트(Hannah Arendt)는 교육의 본질이 시작할 수 있는 자유로서 각 아동의 탄생성(natality)에 있다고 보았다(Arendt, 1961/2005:237). 탄생성을 지닌다는 것은 어느 누구도 규정할 수 없는 그 사람만의 자유, 새롭게 시작할 수 있는 자유가 있다는 의미다. 가르침과 배움의 관계를 고려했을 때, 교사에게는 학생 자신의 힘으로 자신만의 색깔을 드러내며 고유성을 그려 갈 수 있도록 도와줄 책임이 있다는 주장으로 이해할 수 있다. 또한 한 사람의 행위는 언제나 그 주체의 능동적인 측면뿐 아니라 그를 둘러싼 환경, 개인의 경험과 관련된 맥락 등의 상호작용을 통해서 발현되는 현상이다. 학생의 선택권 확대만으로 학습자 주도성을 이야기할 수 없는 이유다.

그러나 기존에 학습자 주도성 개념은 학습자가 이끄는 것(learner-driven), 학습자 중심(learner-centered) 등으로 이해되었다. 다시 말해 주도하는 학생과 학습자를 주체로, 나머지를 객체로 대상화했다. 특히 신자유주의 이데올로기 속에서 학습자 주도성이 학습의 내용과 방법을 스스로 결정하는 것으로 여겨지면서, 학습자 개인의 선택과 책임의 문제로 환원되었다. 학습자는 소비자로, 교육은 상품으로 대체되는 학습자 주도 담론과 조우한 미래교육 담론은 개별 학습자 맞춤형 교육을 강조하게 되었고, 이는 계층의 양극화를 심화하고 공교육이 설 자리를 잃게 만들었다. 학습자 주도성이 교육적으로 여전히 중요하다면 지금까지와는 다른, 교육적 함의를 담은 대안적 접근이 필요하다.

무엇을 위한 주도여야 하는가

자기 삶의 주인이 된다는 것

주도성은 개인이 자신이 세운 삶의 방향성에 따라 독립적이고 자율적으로 행동할 수 있는 역량 또는 가능성이다 (Biesta & Tedder, 2007:135). 주도성에는 자유의 개념이 내포되어 있으며, 무엇을 할 수 있고 무엇이 될 수 있는가에 대한 응답으로서 행동할 수 있는 가능성(Nussbaum, 2013/2015)이자 소중히 여길 만한 삶을 영위하는 역량으로 볼 수 있다(Sen, 2001/2013).

이러한 관점에서 주도성 개념에 내포된 자유(freedom)

는 단순히 행동에 제약이 없는 무제약(liberty)의 상태와는 구분되며, 자신의 권리를 행사할 수 있는 실질적 자유(substantial freedom)를 의미한다. 센(Sen, 2001/2013)은 자유가 교육 등의 사회경제적 제도, 정치적·시민적 권리 등에 의존적이고 사회의 진보 혹은 발전 과정에서 확장될 수 있다는 점에서, 인간의 실질적 자유 확장을 사회 발전의 목표로 삼아야 한다고 주장한다. 예컨대 빈곤을 경험하는 사람은 질병을 치료하거나 위생적인 환경에서 주거할 자유를 박탈당하며, 독재 체제에서 살고 있는 사람은 정치적 발언의 자유를 제한당할 수 있다. 자유와 선택의 확장을 통한 실질적 기회가 증진되면, 기회를 행사하거나 행사하지 않는 것은 개인의 몫이다. 따라서 이들에게 자유의 확장은 더 나은 삶의 가능성을 의미하며, 주도성은 주어진 실질적 자유에 대한 적극적인 행사다.

모든 인간이 존엄하다는 전제 위에서, 개인들의 실질적 자유는 차이와 다양성을 존중하는 다원성이라는 조건 속에서만 가능하다. 서로 다른 존재들의 고유성과 독특성이 발현되는 상태로서의 실질적 자유는 공존을 가능하게 하며, 서로 동등하지 않은 모든 개인들은 실질적 자유를 통해서 평등을 성취하게 된다. 따라서 공동의 존재 양식을 공유하는 공적 영역에서의 자유(freedom)는 인간의 존엄과 결부되며 공적 영역을 구성하는 핵심 조건이다(Arendt, 2003/2007:113).

인간은 사회적 존재이며; 서로 다른 고유성을 가진 존재들이 각자의 방식대로 존재하고 살아가기 위해서 어느 정도 자유의 제한이 요구된다. 모든 사람이 조화로운 방식으로 자유를 누리기 위해서는 다른 사람의 자유에 대한 관심과 책임 의식이 필요한 것이다. 즉, 사회적 인간이 자신이 속한 세계에서 실질적 자유의 기회를 갖는다는 것은 서로 다른 고유성을 지닌 개인들이 고유한 차이 속에서 "함께-서로-존재"(박혁, 2009)함을 의미한다. 실질적 자유는 제약이 없는 자유와 달리 가치와 윤리를 전제로 한다. 따라서 각자의 고유성을 유지하며 살아갈 수 있는 실질적 자유로서 주도성은 정의로운 사회 구조와 사회(세계) 속에서 성숙하게 존재할 수 있는 사람들을 통해서 성립 가능해진다. 사회에는 다양한 개인과 집단의 욕망과 흥미가 모여 있다. 그것들이 사회 안에서 조화롭게 공존하기 위해서는 때때로 성숙한 조정이 필요하다. 이때 중요한 것은 욕망에 대한 반성적 사고와 자신의 욕구를 공적인 것으로 전환하고자 하는 자발적 의지다. 이러한 실천 자체가 주도성이다.

따라서 주도성의 핵심은 내가 욕망하는 것을 선택하는 것만을 의미하거나 주어진 틀 안에서 자유를 누리는 것을 의미하는 것이 아니다. 오히려 자신과 세계의 성숙한 만남을 위해 비판적으로 성찰하고 대안을 상상하고 적극적으로 행하는 실천성으로 확장하여 이해해야 한다. 이러한 관점에서 주도성은 개인 행위의 원동력인 동시에 더 나은 사회로의 발전 가능성이다. 왜냐하면 실질적 자유가 확대될수록 자신의 삶과 세계에 영향을 끼칠 수 있는 역량의 증진으로 이어지고(Sen, 2001/2013), 개인의 삶을 세계 속에서 조화롭게 하고자 하는 실질적 자유는 세계에 대한 책임의 개념을 포함하기 때문이다.

  다시 말해서 어떤 일을 할 실질적 자유가 없다면 책임도 없기 때문에 책임은 어떤 일에 참여 하거나 하지 않을 실질적 자유를 전제한다(Sen, 2001/2013). 그러므로 주도성은 '내가 원하는 것이 바람직한가?'라는 질문을 하게 하며, 개인적 욕구를 공적인 것으로 전환하고자 하는 자유(Biesta, 2019:27)라는 점에서 세계에 대한 책임과 연결되어 있다.

  교육의 궁극적 목적은 학습자들이 개인으로서, 사회의 구성원으로서, 세계와 연결된 시민으로서 살아가는 방법을 체화하도록 하는 데 있다. 우리가 살아가는 사회는 점점 다원화되고 있으며 인종, 연령, 젠더, 사회경제적 수준 등에 의한 가치의 충돌이 심화되고 있다. 양질의 교육은 사회문화적 · 경제적 · 역사적 · 지역적 맥락에 민감해야 한다(Nussbaum, 2013/2015). 그런 점에서 교육이 목적으로 삼아야 하는 주도성은 원하는 삶을 살아갈 수 있도록 하는 권리일 뿐 아니라 총체적 잘 살기2)를 위한 방향으로 자신의 자유를 전환하고자 하는 의지다. 그것은 공적 영역에서의 책임 있는 존재로 다른 사람과 자신의 삶을 성찰하고 개인적인 욕구를 공적인 필요로 전환함으로써 총체적 잘 살기를 추구하는 과정이다. 모든 개인이 실질적 자유를 누릴 수 있는 사회가 되도록 공동의 존재 양식으로서 총체적 잘 살기가 무엇인지를 끊임없이 질문하고 행동하도록 해야 하는 것이다.

---

2) 총체적 잘 살기는 누스바움이 『역량의 창조』에서 "사람을 목적으로 보고 선택과 자유를 중요하게 생각하고, 기회와 실질적 자유를 증진하는 사회가 좋은 사회"(Nussbaum, 2013/2015:33)라고 주장하면서 이를 총체적 잘 살기(또는 평균적 잘 살기)라 명명한 데서 차용했다.

교육은 결국, '좋은' 삶을 위한 것

총체적 잘 살기를 위한 자유라는 의미에서 주도성은 가치 지향적이며 정치적이다. 이때 주도성은 실존적 형식으로서 성숙성(grown-up-ness)을 지향한다. 성숙성이란 세계에 존재하는 방식으로, 개인의 욕망을 다른 존재들과 함께 잘 살 수 있는 방향으로 세계 속에서 세계와 함께 존재하게 하는 것이다(Biesta, 2019:26~27). 따라서 주도성은 개인의 욕망(고유성)이 세계 안에서 성숙하게 존재할 수 있도록 능동적 실천을 하게 하는 힘이다.

공교육은 특정한 의도와 분명한 목적 속에서 이루어진다는 점에서 학습자의 학습에 대한 자유는 일정 부분 제한될 수밖에 없다. 공교육에서 다루는 교육과정은 기존 세계에서 합의되고 사회적으로 구성된 공통된 세계의 지식을 다룬다. 이러한 조건에서 학습은 공동의 관심·태도·감정 및 공통되고 공유되는 감수성, 그리고 사고를 가능케 하는 인지적 장치가 있을 때만 가능하다(Hamlyn, 1978/1991). 공교육에서 이루어지는 학습의 일차적인 목적은 세계에 대한 지식을 학습자의 경험과 연결하여 세계로 입문하게 하는 것이다(Hamlyn, 1978/1991). 즉, 공교육의 학습은 사회적으로 광범위하게 합의되어 있는 지식을 습득함으로

그림 2-1 학습자 주도성의 방향성

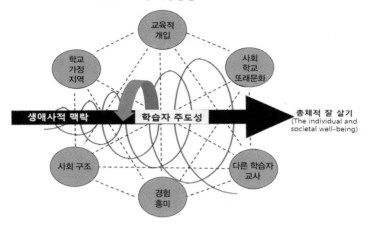

써 기존의 세계를 이해하고 습득한 지식과 이미 알고 있는 지식 혹은 경험을 관련지음으로써 세계에 대한 이해를 확장하는 과정이다.

따라서 기존 질서의 역사, 세계가 추구하는 방향 등 세계적 시간의 흐름, 개인적 차원에서 습득한 지식이나 기술의 변화와 같은 개인적 시간의 흐름으로서의 경험, 교사 또는 교육과정이 추구하는 지향 등이 상호작용하는 가운데 학습에서의 주도성은 특정한 방향성을 띠고 성취될 수 있다(Biesta & Tedder, 2007:139). 즉, 경험을 바탕으로 미래에 대한 포부와 기대를 가진 학습자가 교육을 통하여 현재적 맥락 속에서 주도성의 방향성 자체를 질문하고 성찰할 수 있으며, 성찰과 반성 과정에서 주도성의 방향성은 더욱 공고해지거나 수정될 수 있다. 이는 교육적 관계 속에서 낯선 세계와의 대화 혹은 새로운 생각과의 만남을 통해서 자신의 삶을 돌아보는 과정, 즉 성찰과 반성의 과정 안에서 가능하다.

공교육의 역할은 모든 인간은 존엄하다는 전제 위에서, 공교육을 이수한 모든 사람들이 자신의 개별성과 독특성을 발현하면서 살아갈 힘을 길러 주는 것이며, 개별 학습자가 자신의 개별성과 독특성을 사회적 관계망 안에서 발현하면서 자신의 세계를 확장해 가는 사회적 존재로서 총체적 잘 살기를 실천하는 책임성 있는 시민이 되도록 하는 것이다.

새로운 학습자 주도성은 무엇인가

성숙한 방식으로 세계 속에 존재하려는 의지

학습자는 세계를 새롭게 할 가능성을 지닌 존재다. 그들은 세계에 새롭게 진입한 신참자(newcomer)로, 완성된 상태가 아니라 되어 가는 존재인 동시에 세계에 들어선 새로운 존재다(Arendt, 1961/2005:250). 즉, 세계 속에서 태어난 인간은 생성 중인 존재이며, 동시에 새로 오는 존재다. 세계는 누군가의 탄생을 통해 새롭게 등장하는 새로움으로 끊임없이 경신(更新)한다. 그것은 세계를 지속 가능하고 새롭게 할 수 있는 창조적 가능성이 된다. 그와 같은 창조적 가능성을 아렌트는 '탄생성'으로 개념화한다.

고유한 새로움으로서 한 인간은 세계에 대한 이해를 바탕으로 자신의 개별성과 독특성을 사회적 관계망 안에서 발현하는 사회적 존재로, 타자들과 함께 바라는 미래를 주도적으로 만들어 가는 상호 주체적 존재로 성장할 수 있다. 그 과정에서 개별 인간의 고유성과 독특성 또한 새로워질 수 있다. 예측 불가능한 무언가의 시작이자 지속적인 새로움의 본질(Jessop, 2011:989)로서 탄생성은 교육적 희망이며 교육이 지향할 지점이다(우정길, 2013:154). 이때 교육의 책임은 신참자의 새로움이 세계로부터 파괴되지 않도록 하고, 동시에 새로 오는 존재의 새로움으로 기존의 세계가 파괴되지 않도록 하는 데 있다.

교육이 이러한 책임을 가져야 하는 이유는 학습자가 세계 속에서 세계와 관계 맺는 존재로 자라야 하기 때문이며, 기존의 낡고 오래된 세계가 지속 가능한 세계로 존재하기 위해서 새로움이 필요하기 때문이다(조나영, 2013). 그런 점에서 아렌트는 아동에게 허락된 과도한 자유와 자율적인 세계의 허용이 교육적 관계의 단절을 가져온다고 지적하며, 교육적 관계 속에서 가르치는 자의 책임은 기존의 세계를 충분히 소개하면서도 아동의 새로움이 발현될 수 있도록 이끄는 것이라고 주장한다(조나영, 2017:82). 교육의 책임, 즉 기존의 세계로서 과거와 학습자의 세계로서 미래를 연결하는 과정에서 신참자의 새로움이 발현될 수 있으며 그 가운데 학습자는 자신이 속한 세계에 대해 진지하게 사유할 수 있다.

학습자의 개별성과 독특성이 세계 안에서 발현되는 것으로서 존재의 새로움, 곧 개별 학습자의 탄생성은 학습자가 세계 속으로 들어가면서 겪게 되는 어려움 속에서도 자신만의 방식으로 존재하고자 노력하는 과정, 그리고 학습자의 욕구(흥미)를 학습으로의 몰입으로 이어 가는 일련의 과정을 통해서 성립 가능해진다. 그와 같은 개별 학습자의 탄생성은 학습자 주도성으로 발현된다. 다시 말해서 학습자 주도성은 실존적 형식으로서 학습자 또는 학습자들이 자신의 개별성과 독특성이라는 고유성을 유지하면서 성숙한 방식으로 세계 속에 존재하려는 의지이자 실천으로, 사회적 관계망 안에서 자신의 새로움을 창조해 가는 탄생성의 발현 과정이다(Masschelein, 1996). 세계 속에 존재하는 학습자는 고립적 존재가 아니라는 점에서 학습자(들)의 탄생성은 함께 존재하기의 실천을 통해서 발현되며, 따라서 학습자(들)의 유일성은 상호주관적 공간에서 조화롭게 존재할 수 있게 된다.

학습자가 자신의 개별성과 독특성을 사회적 관계망 안에서 성숙한 방식으로 완결시키는 과정은 모순적이게도 세계의 다원성이라는 전제 위에서만 가능하다. 이는 개별 학습자의 유일성이 세계의 다원성을 설명하는 결정적 요소가 됨을 의미한다(우정길, 2013). 따라서 다원성은 유일성들의 총합이 아니라 상호주관적 공간에서 함께 존재함으로 각각의 개인들의 유일성이 새롭게 탄생하는 것을 통해서 발현된다(Masschelein, 1996). 공교육의 장에서는 학습자가 고립적으로 존재하지 않기 때문에 사이 존재 (inter-esse)로서 다른 학습자(들), 교사 등의 다른 사람들과의 상호주관적 관계 속에서 각자의 고유한 방식으로 학습자 주도성이 발현된다. 그런 점에서 학습자 주도성의 발현은 신참자로서 학습자 혹은 학습자(들)이 가진 고유성이 세계에 의해 파괴되거나 세계를 파괴하는 방식이 아니라, 그들의 개별성과 독특성이 세계 안에서 새롭게 탄생하는 과정이라고 할 수 있다.

학습자 주도성은 교실 상황 안에서 교과 지식을 배우는 과정을 통해 세계에 대한 지경이 넓어지고 자신의 세계가 확장되는 경험의 과정, 학교라는 작은 세계에서 주체로 존재해 가는 과정, 구체적인 삶의 장소인 지역이라는 세계에서 지역 사회의 주체가 되어 가는 과정, 온라인 플랫폼을 기반으로 한 디지털 세계에서 시민으로서 주도성을 발현해 가는 모든 과정을 포괄한다.

세계의 변화에 개입할 가능성

학습은 진공 상태에서 이루어지는 것이 아니다. 학습자의 경험과 학습자가 만나는 환경과 그들을 이끄는 삶의 지향 등에 의해서, 다양한 사회적 맥락과 중요한 타자들과의 상호작용 속에서 이루어진다(Schoon, 2018:3). 학습은 학습자 개인의 내적 변화가 아니라 학습자와 학습자의 경험을 이끄는 맥락 사이의 상호작용 결과라고 할 수 있다(조현영·손민호, 2015). 학습자는 논리적인 순서대로 학습하지 않고 학습자의 이전 경험과 지식, 수많은 상황적 연관성 속에서 나름대로의 계열성을 바탕으로 학습을 해 나간다. 따라서 학습자 주도성은 학습자의 고유성과 독특성에 따라 각기 다른 형태와 차원으로 발현되며, 하나의 방식으로 명확하게 설명할 수 없다. 학습자 주도성은 학습자(들)의 상황적 맥락 속에서, 즉 구체적인 경험의 의미화 과정으로서 추상적 지식과 구체적 경험의 통합 과정에서 이루어진다는 점에서 드러나는 현상에 의해 그 속성을 확인할 수 있을 뿐이다.

학습은 지식 자체의 습득과 더불어, 기존의 세계가 지향하는 가치와 규범, 질서와 표준에 대해 비판적 성찰을 바탕으로 새로운 가능성을 상상하는 과정을 거쳐 이루어진다(곽덕주·최진·김회용, 2016). 따라서 학습은 기존의 세계에 대한 지식과 새로운 존재로서 자신의 경험을 통합하면서 학습자가 새롭게 의미를 구성하는 과정이다. 즉, 세계에 대한 지식을 수용하면서도 그것에 대해 관습적인 관점을 넘어서 새로운 가능성을 상상하고 그러한 상상을 삶으로 실천하는 것이 학습의 실재이자 지향이다. 이러한 의미의 학습은 학습자 주도성이 전제되지 않고서는 불가능하며, 학습자 주도성의 발현을 전제로 세계 속에서 자신의 존재를 성숙하게 완결해 가는 총체적 과정이 된다.

인간에게 세계는 낯선 존재이며 모르는 존재다. 인간은 모르는 존재와의 만남(부딪힘) 속에서 배워 간다. 따라서 학습은 세계와의 만남에서 시작된다. 만남은 학습자가 선호하는 만남만을 의미하지는 않으며, 실제 삶에서 마주하는 예측 불가능한 현실과의 부딪힘을 말한다. 학습자 주도성은 낯선 세계와의 만남 과정에서 도망치거나 포기하지 않음으로써 발현되는 것으로, 세계에 개입할 가능성을 의미한다. 그러나 모든 낯선 만남이 학습자 주도성으로 이어지는 것은 아니다. 낯선 세계와의 만남 속에서 학습자가 스스로 자신의 미성숙을 자각할 때, 주어진 상황과 맥락 속에서 자신을 변화시키려는 적극성이 전제될 때 발현된다. 즉, 학습자 주도성은 기존의 인지 구조에 위배되는 문제 상황에서 이루어지는 반성 혹은 성찰 속에서 학습자의 애씀이 동원되는 경험과 더불어 발현 가능해진다. 학습자 주도성의 발현은 학습자의 경험과 맥락 사이의 자연스러운 상호작용이 아니라 적극적이고 지속적인 애씀에 기반한 작업이다.

　듀이는 이러한 적극적이고 지속적인 애씀을 흥미[3]라고 규정한다. 듀이가 말하는 흥미는 단순히 학습자가 관심을 가질 만한 소재를 활용하는 것을 넘어서서 어떤 것에 마음을 빼앗기고 몰입하는 태도다(Dewey, 1916/1980:143). 듀이는 단순한 재미를 흥미라고 보지 않는다. 흥미는 특정 방향으로 행동하고 싶은 능동적 욕구를 의미하며, 이는 곧 학습자 주도성이다. 학습자 주도성으로서 흥미는 상상하고 기대하는 미래와 현재의 차이, 자신과 다른 존재의 차이를 인식하게 한다. 차이에 대한 자각은 차이의 이해에 대한 욕구로 이어질 수 있으며, 차이의 인식이 좌절이 아니라

---

3) "흥미는 어원적으로 사이에 있는 것－원래 떨어져 있는 두 가지를 잇는 것－을 암시한다. 교육에서는 메워야 할 틈을 시간적인 것으로 보아도 좋다. (중략) 성장에는 시작 단계와 완성 단계 사이에 통과해야 할 과정이 있다는 것, 즉 중간 단계가 있음을 간과하는 것이다. 학습에서는, 학생의 현재 능력이 시작 단계이고, 교사의 목표가 먼 곳에 있는 끝점을 나타낸다. 양자 사이에는 매개－즉 중간 정황－가 있다. 해야 할 행위, 극복해야 할 곤란, 사용해야 할 기구가 존재하는 것이다. (중략) 현재의 경향을 성취하기 위한 수단이라는 것, 행위자와 그 목적 사이에 있다는 것, 흥미롭다는 것, 이들은 같은 일을 달리 표현한 데 지나지 않는다"(Dewey, 1916/1980:144).

학습자 주도성으로 이어도록 하기 위해서는 교육적 개입이 중요하다.

흥미를 갖는다는 것은 대상을 고립적인 것으로 파악하는 것이 아니라 연속적인 정황 속에서 파악하는 것이다. 흥미(애정/관심/동기)는 인간(주체)의 기호나 태도인 동시에 대상(객체)에 대한 태도다. 결과적으로 흥미와 관심은 자아와 세계가 발전하는 정황 안에서 서로 얽혀 있다(Dewey, 1916/1980:142~143).

학습자가 흥미를 갖기 위해서, 다시 말해 학습자 주도성이 발현되기 위해서는 현재의 불완전한 상태와 소기의 목표 사이의 간극을 매우기 위한 주의와 인내의 지속 등의 노력이 필요하다. 그러므로 교육과정은 학습자의 현재 수준과 능력에 맞게 교육과정을 구성하되 낯선 세계와의 만남에서 오는 어려움 또는 지루함을 견디는 힘을 길러 주는 데 초점을 맞추어야 하며, 학습자는 그럴 때 배움 자체에 흥미를 가지게 된다(엄기호, 2019). 학습자 주도성은 총체적 잘 살기라는 삶의 주도성을 지향으로 하는 구체적인 교육과정의 설계 속에서 발현되는 것이다.

책임 있는 시민으로서 실천 가능성

누스바움은 학습을 (민주)시민으로서의 성장과 연결시키며, 다국적이고 다원화된 현대 사회에서 (민주)시민으로의 성장 과정이 곧 학습의 과정이라고 본다(Nussbaum, 1998/2018). 이러한 관점에서 학습의 결과로서 (민주)시민은 기존의 전통과 관습을 비판적으로 성찰함으로써 스스로 생각할 줄 아는 능력, 전 세계적 관점으로 자신과 세계를 연결하고 자신의 문제를 세계의 문제로 확장할 줄 아는 능력, 자신과 다른 존재를 이해하고 공감할 수 있는 서사적 상상력을 가진 사람이다. 시민은 모든 사람의 자유와 평등, 인권에 대한 책임감을 가지며 서로 다른 존재들의 다원성을 인정하는 조화로운 삶에 대한 의지와 책임을 수행할 가능성을 지닌다. 시민으로서의 주도성은 다원적 사회에서 문화적 · 정치적 · 종교적 배경 등 서로 다른 맥락에 존재하는 사람들이 서로의 차이를 존중하고 조화롭게 살아갈 수 있도록 자신의 권리를 지키고 모든 개인의 자유와 평등에 대한 책임감을 가지고 삶을 살아가는 것을 의미한다(Nussbaum, 1998/2018:27~28; Biesta, 2019:21). 이와 같은 시민으로서의 주도성은 학습자(들)가 자신이 속한 세계 속에서, 다양한 차원과 맥락 속에서 맺어진 관계의 그물망

(web of relationship)을 통하여 발현되는 학습자 주도성의 한 형태인 동시에 궁극적 지향이라고 볼 수 있다.

새로운 학습자 주도성은 사회적 존재인 인간이 자신의 개별성과 독특성을 유지하면서 함께-서로-존재할 수 있도록 비강제적으로 자신의 욕망을 공적인 것으로 전환하는 과정으로 정의할 수 있다. 이러한 학습자 주도성은 학습자 개인 또는 집단이 낯선 세계와의 부딪힘(갈등) 속에서도 알고자 하는 욕구(흥미), 학습자의 앎을 삶(경험)과 연결하는 의미화 과정, 공적 세계의 실천으로 드러난다.

이와 같은 학습자 주도성은 언제나 동일하게 드러나는 것이 아니며, 학습자의 고유성과 시공간적 맥락에 따라 발현되는 양상과 수준이 다르다. 따라서 학습자 주도성은 하나의 현상이 아니라 일종의 스펙트럼으로 이해해야 한다. 학습자 주도성은 낯선 세계와 만나는 과정, 학습자가 총체적 잘 살기를 지향하면서 학습자의 고유성과 세계를 연결하는 과정으로서 성숙한 방식으로 세계에 존재하고자 하는 의지, 궁극적으로 총체적 잘 살기를 실천하고 구현하는 과정으로 점차 확장된다. 결과적으로 학습자 주도성은 총체적 잘 살기의 자유를 추구하는 삶이 무엇인지 적극적으로 알고자 하는 욕구이며, 동시에 그러한 삶을 실천하고자

그림 2-2 학습자 주도성의 스펙트럼

세계와의 만남　　　성숙한 방식으로 세계에 존재　　　세계의 변화를 주도

출처: Biesta(2019). Democracy, citizenship and education: From agenda to practice. 『2019 학교민주시민교육 국제포럼 자료집』. 서울특별시교육청.

하는 의지다. 이는 특정 시기의 학생에게서만 발현되는 것이 아니라 총체적 잘 살기를 지향하는 모든 인간의 생애 맥락 전체에 걸쳐 계속되고 진화하는 과정적 개념이다.

　따라서 학습자 주도성은 학습자 개인의 욕망에 대해 질문하고 성찰하며 필요에 따라 개인의 욕망을 공적으로 전환하는 과정에서 발현되는 것이다. 이는 욕망의 비강제적 재배치라는 스피박의 교육에 대한 정의(Spivak, 1993/2006)와 연결된다. 욕망의 비강제적 재배치는 사적 욕망을 공적으로 전환하는 것이 아니라 학습자가 스스로 자신의 욕망을 공적으로 전환하는 데 흥미를 갖고 몰입하는 것이기 때문이다.

따라서 교육은 학습자가 스스로 자신의 욕망에 대해 질문하고 전환하고자 하는 욕망을 일깨우는 과정이며, 더 나아가 학습자가 어울려 살아가야 할 다른 존재들, 사람뿐 아니라 생태계 전체와 함께 잘 사는 삶과 자신의 욕망을 연결할 수 있도록 성숙한 방식으로 세계에 존재하고 더 나아가 세계의 성숙을 주도하도록 하는 과정이다(Biesta, 2019).

학습자 주도성의 개념 지도

학습자 주도성의 개념과 발현 과정은 그림 2-3과 같다. 중심 개념을 최상위에 두고 하위 개념을 연결하는 위계형 지도와 인과 관계를 표현할 수 있는 연쇄형 지도를 조합하여 학습자 주도성의 개념을 나타낸 것이다.

학습자 주도성은 흥미와 행위라는 하위 개념으로 구성된다. 흥미는 앎에 대한 욕구를 바탕으로 하는 지속적이고 적극적인 애씀이며, 행위는 구체적인 실천이다. 학습자 주도성은 '무엇을 할 수 있고, 무엇이 될 수 있는가?'에 대한 응답으로, 소중히 여길 만한 삶을 영위할 수 있는 가능성으

그림 2-3 학습자 주도성의 개념 지도

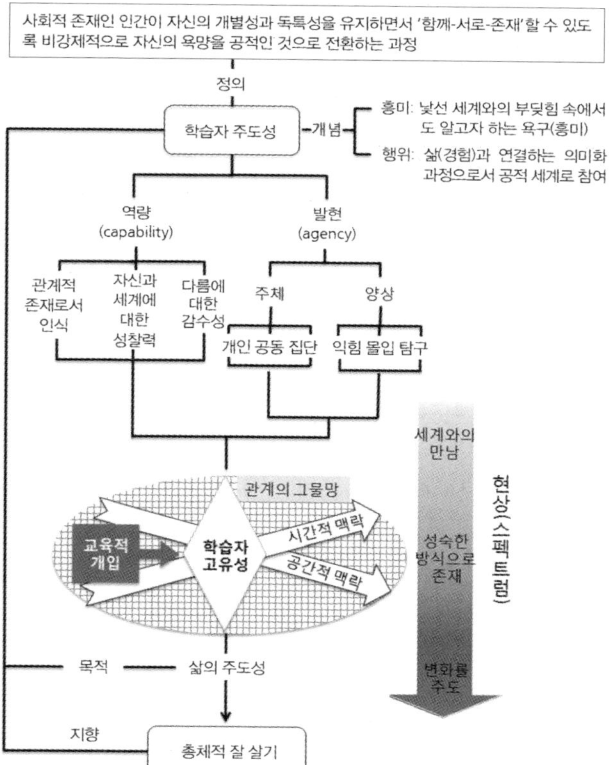

사회적 존재인 인간이 자신의 개별성과 독특성을 유지하면서 '함께-서로-존재'할 수 있도록 비강제적으로 자신의 욕망을 공적인 것으로 전환하는 과정

정의

학습자 주도성 —개념— ┬ 흥미: 낯선 세계와의 부딪힘 속에서도 알고자 하는 욕구(흥미)
└ 행위: 삶(경험)과 연결하는 의미화 과정으로서 공적 세계로 참여

역량
(capability)

발현
(agency)

관계적 존재로서 인식 / 자신과 세계에 대한 성찰력 / 다름에 대한 감수성

주체 / 양상

개인 공동 집단 / 익힘 몰입 탐구

관계의 그물망

교육적 개입 → 학습자 고유성

시간적 맥락 / 공간적 맥락

세계와의 만남

성숙한 방식으로 존재

변화를 주도

현상(스펙트럼)

목적 ── 삶의 주도성

지향

총체적 잘 살기

81

로서 삶의 주도성을 목적으로 하며, 총체적 잘 살기라는 방향성을 갖는다.

학습자 주도성은 행위주체성(agency)의 속성을 가지며 동시에 행동할 수 있는 가능성(capability)이다. 학습자 주도성은 발현의 관계적 맥락에 따라 개인, 공동, 집단 학습자 주도성으로 구분할 수 있다. 개인 학습자 주도성은 학습자 개인을 중심으로, 공동 학습자 주도성은 학습자와 관계를 맺는 사람들인 교사·다른 학습자·보호자 등을 중심으로, 집단 학습자 주도성은 집단적 실천으로서 발현되는 학습자 주도성을 의미한다.

학습자 주도성은 몰입, 익힘, 탐구의 형태로 발현된다. 몰입은 특정 상황에서 시간의 흐름이나 공간 등에 대한 생각을 잊어버릴 만큼 집중한 상태로, 자기목적적(autotelic) 경험이다(김아영·탁하얀·이채희, 2010:41~42). 몰입은 분명한 목표가 있는 상태에서의 집중을 의미한다. 그러나 몰입이 학습으로 이어지기 위해서는 여러 장애에도 불구하고 끝까지 참고 견디는 숙고와 끈기가 필요한데, 이는 훈련을 통해서 익히는 것이다. 익힘은 수동적인 것이 아니라 적극적인 훈련 과정이며, 흥미와 연결된다. 탐구는 끊임없는 학습의 실천 과정이다. 듀이는 학습 과정에서 탐구를 통해 지식의 발견이 이루어진다고 보았으며(Dewey, 1916/1980:170~182), 모든 탐구는 언제나 새로운 목적을 향하는 것이며 수용할 수 있는 것을 지속적으로 추구하는 과정으로 보았다(Singer, 1951:375~385).

이러한 학습 과정에서 학습자에게는 자신과 타자를 관계적 존재로 인식하는 것, 자신과 세계에 대한 성찰력, 다름(차이)에 대한 감수성이 요구된다. 다름(차이)은 앎에 대한 욕구를 자극하여 흥미로 이어질 수 있으며, 다름(차이)이 혐오나 차별로 이어지지 않기 위해서는 자신과 타자의 존재를 관계적 존재로, 즉 상호 의존적 존재로 인식하는 것이 필요하다. 여기에 자신과 세계에 대한 성찰이 더해질 때 구체적인 실천으로 이어질 수 있다.

03
교육 현장에서 발견한 대안적 학습자 주도성

이 장에서는 학습자 주도성이 실제 학교 교육과정 안팎에서 어떻게 드러나고 있는지 살펴보고자 한다. 먼저 신자유주의적 학습자 주도성 담론의 전형적인 사례인 미국의 알트스쿨 사례를 비판적으로 읽어 본다. 그리고 대안적 학습자 주도성이 드러난 국내외 공교육 안팎의 다양한 사례를 살펴볼 것이다. 각 사례에서 드러난 학습 과정과 학습에 대한 인식의 특징은 표 3-1과 같다.

미국의 알트스쿨

알트스쿨은 기술 전문가의 전문성, 벤처 자본, 기술관료제 정신[4]에 입각한 상업화된 교육 혁신 사례다. 구글의 수석 엔지니어 출신 맥스 벤틸라(Max Ventilla)는 현 학교 체제

표 3-1 사례별 학습의 특징 및 학습에 대한 인식

구분		사례	학습의 특징	학습에 대한 인식
국외	학교 교육 과정 밖	미국의 알트스쿨	• 기술 혁신으로 구현된 개별화 학습	• 수요자의 요구를 반영한 지식 • 개별 학습자 맞춤형 지식
	학교 교육 과정 안	일본의 학습자 주체 교육	• 서로 배움 • 대화적 실천을 통한 학습	• 세계 만들기 (인지적 실천) • 동료 만들기 (대안적 실천) • 자기 만들기 (내적 실천)
국내	학교 교육 과정 안	혁신 초등학교	• 차이에 대한 감수성 • 대화를 통한 사유	• 인식의 확장 • 삶에서의 실천
	학교 교육 과정 밖	경기 꿈의학교	• 학습 시공간 확장 • 공동 주체적 학습 • 틈을 열어 주는 교사	• 경험이 곧 배움 • 비예측적 상황의 해결 과정 • 공동체적으로 재구성된 경험
	대안 교육 과정	성미산 학교 후기중등 과정	• 공동 프로젝트 • 필드워크 • 세미나 • 지인지기 프로젝트	• 자신에 대한 인식 • 자신의 삶을 찾는 과정 • 교사와 학생이 함께 찾는 과정

---

4) 이데올로기로서 기술관료제(technocracy)란 기술관료(technocrat)라고 번역되는 고도의 과학적 지식과 전문적 기술을 가진 사람들이

가 미래 사회에 필요한 주도성 역량을 키우기에 부족하며 기술 혁신으로 개별화된 교육을 제공해야 한다고 주장하며 알트스쿨을 설립했다. 2013년 설립 당시, 벤틸라는 교사나 교육 행정가로 일했던 경험이 전무했다. 대신 빅데이터를 통해 얻은 통찰력과 지식을 바탕으로 작은 규모의 학교 간 네트워크인 알트스쿨을 세우고 운영을 시작했다. 미국 캘리포니아 주 샌프란시스코를 시작으로 여러 지역에 분교를 설립했으며, 교육 소프트웨어를 개발하고 제휴 학교에 기술을 지원하는 사업도 함께 했다. 알트스쿨은 정보기술 산업체에서 대규모 투자금을 받고 2016년에는 캘리포니아와 뉴욕 등지에서 아홉 개의 학교를 운영하며 주목을 받았다. 그러나 운영하던 학교들을 점차 폐교했고, 2019년에는 소프트웨어 판매와 연수 프로그램 제공 사업만 남겼다. 이 절에서는 알트스쿨 사례를 분석함으로써 '학습자 주도성 역량 강화'라는 표어 아래 빅데이터 및 인

교육 분야를 포함한 사회 전반에 걸쳐 막대한 영향력을 행사할 수 있게 된 체제를 의미한다. 사회 구성 원리가 과학기술적 지식을 토대로 형성되어야 한다는 사조로, 과학 기술의 적용을 통한 사회 문제 해결, 과학의 적용을 통한 지배와 정치의 과학화, 가치 판단 문제의 기술화 등을 포함한다(Fisher, 1990).

공지능에 의존한 개별화 학습이 어떤 의미가 있는지 고찰하고 미래교육의 방향성을 논의해 보고자 한다.

학교 구조의 특징: 마이크로스쿨 형태의 수익형 스타트업

알트스쿨은 마이크로스쿨(micro-school)5) 간의 협력적인 공동체다. 마이크로스쿨이란 1개 교실 학교(one-room school)에서 진화하여 교사 1인당 학생 수를 약 15인 내외로 최소화한 작은 규모의 학교다. 비슷한 흥미를 공유한 학생들이 모여 배움의 공동체를 이루는 마이크로스쿨에서는 교사가 지식을 전달하는 역할을 하기보다는 길잡이 역할을 하며, 디지털 자원과 최신 기술을 활용한 학습 도구들을 개발하여 개별화 교육을 제공한다. 마이크로스쿨은 소규모인 학교인 만큼 쉽고 빠른 설립이 가능하다(Cutler, 2015).

알트스쿨의 또 다른 특징은 수익형 교육 스타트업이라는 점이다. 알트스쿨은 학교인 동시에 소프트웨어를 개발하고 판매하는 교육 사업체이기 때문에, 학생들의 학비6)

---

5) 마이크로스쿨은 미래교육과 미래의 학교를 논의하는 과정에서 등장한 개념으로, 여전히 실험적으로 구현 중이다.

외에 기업 투자금을 유치하여 운영 자금을 마련했다. 알트스쿨은 궁극적으로 소프트웨어를 개발하여 미국 전역 교육 현장에 전파해 교육 혁신을 이루려는 비전을 가지고 있었다(Mead, 2016). IT 기업 투자자들은 알트스쿨의 비전에 큰 관심을 가지고 2014년도에 3300만 달러(한화 약 390억 원)[7]를 투자했다.[8] 알트스쿨이 유치한 투자금은 부동산 비용을 포함하여 주로 기술 개발에 쓰였다(Mead, 2016; Tucker, 2014).

알트스쿨은 지가가 높은 지역에 위치해 있고, 학생 규모가 작고, 첨단 기술 장비들을 적극 활용하기 때문에 운영 비용이 높은 편이었다. 창업 당시 알트스쿨의 계획은 개발

---

6) 알트스쿨의 학비는 교원 임금을 비롯한 교육 활동비로 쓰였다. 학비는 인근 공립학교와 비교했을 때는 월등히 높고 인근 사립학교의 평균 학비와 비교했을 때도 소폭 높은 편(한 달 기준 한화 약 300~360만 원)이다(김홍주 외, 2016; Mead, 2016).

7) 이는 공립학교에서 근무하는 경력직 교사 400명의 연봉을 충당하거나 미국의 작은 학구(school district)에서 1년간 쓸 수 있는 총 교육 비용을 충당할 수 있는 금액이다(Tucker, 2014).

8) 2015년에는 투자금 1억 달러(약 1100억 원)를 받았는데, 페이스북 최고경영자인 마크 저커버그가 직접 참여해 화제를 모았다.

한 소프트웨어를 판매하여 수익금을 창출하고 기술의 힘으로 점차 운영비를 줄여 나가는 것이었다(Tucker, 2014). 하지만 막대한 기술 개발 비용과 저조한 판매 실적으로 (Adams, 2019) 운영하는 학교를 하나씩 폐교하고 2019년 가을부터는 학교 운영을 전면 중단했다. 벤틸라는 책임경영자 자리에서 사임하고, 알트스쿨은 그 이름을 올티튜드 러닝(Altitude Learning)으로 변경하여 소프트웨어 판매 사업체로 업종을 전환했다.

학습 과정의 특징: 기술 혁신으로 구현된 개별화 학습

알트스쿨의 학교급은 유·초등학교(lower school), 전기 중등학교(middle school), 유·초·전기 중등학교(lower & middle school)로 구성되어 있다. 유·초등학교는 유치부 이전의 학생부터 4~5학년까지의 학생들로 이루어져 있고, 전기 중등학교는 5~6학년부터 8학년까지의 학생들로 이루어져 있다. 각 학급은 상이한 연령대의 학생들로 구성되어 있다. 각 지역 알트스쿨의 학교별 학생 수는 각 35~120명이다.

알트스쿨은 교육팀과 본부팀으로 운영된다(김홍주 외, 2016). 교육팀은 학교장, 학급 교사, 교육 지원 기구, 공동 교과 활동팀으로 구성된다. 본부팀은 알트스쿨의 비교육자들로 제품 · 기술 · 디자인팀, 경영팀, 관리팀, 마케팅팀으로 구성된다.

일과 운영 및 교육 활동

알트스쿨의 하루 일과표는 표 3-2와 같다. 핵심 능력 양성을 위한 수업, 프로젝트 기반 학습, 개별 관심 분야에 따른 학습 등 3중 구조로 이루어져 있다.

핵심 능력 양성을 위한 교육은 학문적 지식 영역(수학, 언어, 과학)과 함께 사회정서 영역(주도성, 끈기, 문제 해결력, 비판적 사고) 등 다방면에서 이루어진다. 학생들은 각 영역별로 적절한 목표를 세우고, 온라인 플랫폼을 통해 자신의 성과를 추적하고, 교사 · 학부모와 논의하면서 자신의 학습에 대한 주도성을 기른다. 알트스쿨에서는 1년에 세 차례에 걸쳐 각 연령(학년)에 맞는 표준화된 도구로 학업성취도를 평가하여 개별적으로 목표를 재조정할 수 있도록 지원한다.

프로젝트 기반 학습은 개별 활동이 될 수도 있고 조별 활동이 될 수도 있다. 학생들이 자신의 흥미에 따라 프로젝트의 주제를 정하고 주도적으로 프로젝트를 진행하는

표 3-2 알트스쿨의 하루 일과표

시간	활동	활동 내용
8:00 ~ 9:00	유동적인 등교와 공동 교과 활동	• 학부모들은 정해진 시간 범위 내에서 유동적으로 학생들을 등교시킴 • 학생들은 개인 작업에 집중함 • 아침 공동 교과 활동을 신청한 학생들은 프로그램에 참여함
9:00 ~ 9:15	아침 미팅	• 일반적으로 아침 미팅을 진행함 • 이를 통해 학생들이 그 날의 일정을 공유하고 검토함
9:15 ~ 11:30	핵심 능력 양성을 위한 블록학습 시간	• 개별 학급은 핵심 능력 양성을 위해 1~2회의 블록학습을 계획하여 시행함 • 블록학습은 개별 '플레이리스트'에 따라 작업하는 시간으로, 학생들은 이 시간에 핵심 능력 양성을 위한 수업을 듣거나 개별 프로젝트 또는 소규모 그룹 활동에 참여함. 핵심 능력에는 수학, 언어, 과학 등의 학문적 지식과 사회정서 능력이 포함됨
11:30 ~ 13:30	점심 식사와 체육 활동	• 학생들은 매일 체육 활동 혹은 휴식 시간을 가짐 • 지역 공원이나 놀이터를 활용하여 외부 공간에서의 놀이와 경험을 보장함
1:30 ~ 15:00	프로젝트 기반 학습과 개별 관심 분야에 따른 학습	• 대부분 학급이 학급 전체 혹은 개인 프로젝트에 집중하도록 하기 위해 1~2회의 블록학습을 계획하여 진행함

15:00 ~ 18:00	공동 교과 활동	• 공동 교과 활동을 할 수 있는 3회의 블록학습 시간을 제공함 • 외국어, 음악, 운동, 코딩 등 다양한 프로그램을 시행함

출처: 김흥주 외(2016). 『미래지향적 교육생태계 조성을 위한 교육체제재구조화 연구』. 한국교육개발원; Hurowitz, N. (2016). Mark Zuckerberg Funded Pre-K-8 School to Open at Union Square in 2017.

방식이다. 프로젝트 기반 학습을 시작할 때 학생들은 자신의 관심 분야 속에서 더 알고 싶은 것에 대해 질문을 정한다. 학생의 흥미와 능력에 맞게 학습이 이루어지므로 동기부여가 되어 적극적으로 학습 과정에 참여하게 된다. 설정한 질문에 답을 하기 위해 학생들은 연구와 글쓰기, 예술작품 창작과 공연 등을 통해 지식을 구성한다. 이 과정에서 학생들은 현장 학습, 조별 연구, 관련 분야 전문가와의 만남을 통해 협동하여 문제를 해결하는 체험을 한다. 마지막 단계는 공유하고 성찰하기 단계다. 학생들은 자신의 지식과 작품을 청중과 공유하는 기회를 갖는다. 이 단계에서는 학생들이 자신이 구성한 새로운 지식을 프로젝트 초반에 스스로 제기했던 '본질적 질문'에 답하는 데 적용하고 그 과정을 검토하면서 학습자로서의 자신을 성찰해 본다. 공유하고 성찰하는 과정을 통해서 학생들은 학습에 책임감을 갖게 되고 자신감과 자기 인식을 얻는다.

학습 환경 및 기술적 기반

알트스쿨은 학생들의 주도적인 학습을 위해 두 가지 기반을 마련했다. 하나는 유동적인 학습 환경이고 다른 하나는 기술적인 기반, 디지털 플랫폼이다. 우선 유연한 사고를 돕기 위해 일과를 유동적으로 구성하고, 일렬로 배치된 책상 대신 소파와 카펫 등을 두어 학생들이 자유로운 자세로 학습할 수 있도록 했다.

또한 교육과정에서 디지털 플랫폼을 적극 활용했는데, 학생들을 위한 플랫폼인 플레이리스트(Playlist)와 교사를 위한 플랫폼인 포트레이트(Portrait), 학부모가 사용하는 소통용 애플리케이션 등이다(Williamson, 2017). 플레이리스트와 포트레이트는 알트스쿨의 비전을 실행하는 중요한 플랫폼이다. 플레이리스트는 학생들이 각자 해야 할 일 목록을 관리할 수 있는 개별화 도구로, 이를 통해 자신의 특성에 맞추어 학습 활동을 선택하고 수행할 수 있다. 자신의 과제를 기록해 둘 수도 있고, 과제가 완성된 후에는 플레이리스트를 통해 과제를 제출하고 교사와 소통하기도 한다. 교육 전문가는 플레이리스트를 통해 학생들의 과제에 피드백을 하고 평가를 한다.

교사용 플랫폼인 포트레이트는 개별 학생들의 학문적 성취와 학문 외적 발달 내용에 대한 기록을 살펴볼 수 있는 공간으로 학생에 대한 종합적인 이해를 가능하게 한다. 교사는 포트레이트에 학생의 흥미, 강점과 약점, 학습 전략, 사고방식과 소통 방식 등을 포함한 학습자 특성뿐 아니라 각 교과 영역별 성취에 대해서도 기록한다. 또한 포트레이트 내 프로그레션(Progression) 메뉴를 통해 학생 발달 상황에 대한 교사의 정성적인 기술, 평가, 개별 학생의 학습 결과 샘플, 기타 메모를 기록하고 조회할 수 있으며 이를 통해 학생의 역량이 어떻게 길러지고 있는지 추적하고 분석할 수 있다. 교사는 이를 바탕으로 개별 학생들을 위해 미래의 학습 경험을 계획하고 새로운 학습 목표를 수립할 수 있다. 즉, 플레이리스트가 개별 학생이 스스로 교육과정을 설계할 수 있도록 하는 개별화 학습 플랫폼이라면, 포트레이트는 교사가 개별 학생들의 특성과 학습 양상을 이해하고 교육과정에 반영할 수 있도록 도와주는 분석 플랫폼인 것이다.

플레이리스트를 통해 교사들은 학생들이 잘하는 부분에 대해서는 이수 시간을 단축하고 향상이 필요한 분야에 대해서는 학습 시간을 늘리도록 관리할 수 있다. 학생들은 보통 일주일에 10~25개의 과제나 프로젝트에 참여하는데(King, 2016), 플레이리스트를 통해 맞춤형 학습 내용·과정·속도 등을 제공받아 개별화 학습이 가능하다. 교사는 플레이리스트로 개별 학생들의 진도·과제 수행·목표 달성 여부를 확인하고 점수를 매기며 피드백과 평가를 작성하고, 사진과 진행 보고서를 첨부한다. 이 기록들은 학생의 학습에 대한 데이터베이스가 된다(조윤정·김아미·박주형·정제영·홍제남, 2017). 이와 같이 알트스쿨에서는 디지털 플랫폼을 통해 학생들이 자신의 학습을 주도적으로 관리하고, 교사들은 디지털 플랫폼에 축적되고 분석된 데이터를 통해 개별화 학습 과정을 지원한다.

학습자 주도성의 방향 부재

알트스쿨의 교육관 및 학습관을 이해하기 위해서는 교육계의 신자유주의적 움직임을 이해해야 한다. 신자유주의를 채택한 미래교육 담론에서는 교육을 세계 경제에 기여할 경쟁력 있는 인재를 양성하는 것으로 재해석한다(Loh

& Hu, 2014). 이에 발맞추어 실리콘밸리의 사업체는 기술력과 자본력을 활용하여 새로운 형태의 학교를 설립하고 그들의 이상을 구현해 보려는 시도를 하기 시작했다. 알트스쿨이 그 대표적 사례다. 신자유주의적 교육 개혁은 공교육 체제의 비효율성을 비판하며 '개인의 자유'를 내세웠다. '개인의 자유'는 학교가 학습자 중심('수요자' 중심)으로 가야 한다고 주장하는 학교 선택권 담론과 맞춤형 교육, 개별화 학습 담론으로 진화했다. 그리고 벤처 자본 투자를 바탕으로 첨단 기술 기반 기업의 운영 방식을 교육 현장에 적용시키려는 움직임으로 발전했다.

　　신자유주의적 교육 혁신의 중요한 특징 중 하나는 교육의 개념이 쇠퇴하고 학습의 개념이 부상하는 것이다(Biesta, 2004). 이는 알트스쿨 사례에서도 확인된다. 알트스쿨의 설립 이념에서도 알 수 있듯이, 교육의 가치는 미래 인재 양성이라는 기능적인 측면에 국한된다. 또한 알트스쿨 관련 문서에는 "학생"이라는 용어 대신에 "학습자"라는 용어가, "교육"이라는 용어보다는 "학습"이라는 용어가 더 자주 등장한다. 이는 교육의 범위를 학습으로 축소하는 것으로 이 현상을 '학습화(learnification)'라고 일컫기도 한다(Biesta, 2009).

교육의 학습화는 교육을 개인적이고 측정 가능한 심리적 · 인지적 과정으로 축소하는 것이며 이는 교육의 활동을 가치 중립적인 것으로 파악하려는 입장이다. 알트스쿨 역시 학습자에 대한 충분한 데이터와 정교한 알고리즘만 있다면 개인의 특성에 맞춤형 교육과정을 제공할 수 있다는 믿음에서 출발했다. 이는 교육의 목적과 방향성에 대한 고찰 없이도 교육이 가능하다는 것을 의미한다. 교육을 본질적으로 자기계발적인 차원에서만 이해하여 개인이 처한 사회정치문화적 현실의 구조적 불평등 문제 등을 도외시하며 모든 책임을 개인에게 전가한다는 점에서 한계가 있다.

교육은 본질적으로 교사와 학생의 관계를 통해 이루어진다. 교육은 인간의 삶과 시민 사회에서 무엇이 궁극적으로 옳고 바람직한가를 고민하는 동시에 학생들로 하여금 시민 사회에서 자율성과 책임을 가지고 일상에 기여하는 시민으로 성장하는 것을 돕는 지극히 인간적이고 공동체적인 활동이다(Friesen, 2018). 이를 고려하면 진정한 교육은 교사, 또래, 중요한 교육 경험 간의 의미 있는 관계 맺기여야 한다. 교사와 학생의 관계, 학생 간의 관계에서 신뢰와 협력의 관계가 선행되어야 의미 있는 교육 경험이 이루어지는 것이다(남미자·길현주·오춘옥·노시구, 2014).

교육의 관계성을 고려할 때 빅데이터에 의존하는 교육 모델은 배움과 학생의 관계를 모호하게 한다. 학습자가 주도하는 학습이 아니라 빅데이터가 주도하는 학습이 되는 셈이기 때문이다. 학습자의 학업성취도가 떨어지면 그것이 학생의 책임인지 알고리즘이 오작동한 탓인지 모호해진다. 이러한 모델에서는 교사의 행위주체성 또한 인정받기 어렵다. 정교한 알고리즘이 교사의 교육적 의사 결정을 대신하기 때문이다. 이런 교육 모델에는 알고리즘이 사람의 분석보다 더 유능하다는 것이 전제되어 있기 때문에, 교사의 권위와 책임이 데이터 보고에 국한될 수 있다. 만약 디지털 플랫폼이 학생의 성공적인 학습을 이끌어 내지 못했을 경우 그 책임이 교사에게 있는지 아니면 알고리즘의 실패인지 구분하는 것은 거의 불가능하다.

알트스쿨처럼 학생 개별 특성에 대한 정보를 수집·분석한 것을 토대로 개별화 학습을 제공하는 교육 모델에는 또 다른 전제가 여럿 깔려 있다. 먼저 학습자의 개별 특성이 양적 지표로 측정 가능한 요소들로 세분화된다는 전제다. 이러한 전제는 양적으로 측정 불가능하지만 엄연히 존재하는 질적 특성과 정보들을 학습에서 배제하게 만든다.

사고 과정보다는 행동 등 관찰 가능하고 양적으로 측정 가능한 요소만을 고려하게 되는 것이다(Clayton & Halliday, 2017). 다음으로 분석 결과를 토대로 개별 학생의 특성이 요구하는 교육과정, 교수학습 방법, 평가를 자동으로 맞춤 양산하여 제공할 수 있다는 전제다. 그러나 앞서 언급한 것처럼 질적 특성이 배제된 분석은 학습자의 특성에 온전히 들어맞는 학습이 아니라 알고리즘이 파악하고 제공할 수 있는 것에 한한 학습으로 이어진다. 마지막으로 알고리즘은 중립적이며 알고리즘에 근거한 교수학습 방식은 학습자와 학습을 편향 없이 직접 연결해 주는 통로라는 전제다. 빅데이터 기반의 알고리즘은 사람보다 객관적일 것이라는 기대가 있지만 이 역시 편견이나 편향에서 독립적일 수 없다. 오히려 훨씬 더 교묘하고 눈에 띄지 않는 편견과 편향이 작용하기 쉽다. 이렇게 처리된 정보가 중요한 의사결정으로 이어질 수 있는데, 빅데이터의 복잡한 구조와 처리 과정은 사람이 이해하기 어려운 영역이어서 이것이 어떤 방식으로 특정 집단을 차별하는 데 이용될지 알기 어렵다(Friesen, 2018).

물론 기술의 발달은 더 나은 교육 환경을 제공하는 데 도움이 된다. 불필요한 행정 업무에 대한 교사의 부담을 덜어 주고 시공간의 제약을 뛰어넘게 함으로써 더 다양한 교육 경험과 효율적인 학습을 가능하게 한다. 그러나 교육의 본질에 대한 고민 없이 첨단 기술에 의존해 교육의 효율성만 높이려고 한다면 부작용이 뒤따를 것이다. 교육이란 유치원에서 노동 시장에 이르는 선형적인 과정이 아니며, 성공적으로 인력 시장에 적응하기 위한 수단이 아니다. 교육은 그 방식과 결과의 연결이 명료한 과정도 아니다. 교육은 모순되는 수많은 목적, 관계, 순간들이 모인 통합의 과정이며 관계를 통해 의미를 만들어 가는 사회적 경험이자 활동이다. 이를 간과한다면 정교한 알고리즘이 제공하는 개별화 학습 프로그램은 지극히 제한적인 의미의 학습만을 가능하게 할 것이다.

다음으로 알트스쿨이 교육 분야 벤처 회사로 운영되는 과정에서 교육이 상업화되었다는 문제점이 있다. 실리콘밸리의 IT 기업체에서 세운 학교들은 공교육의 가치와 목적보다는 기업의 가치와 목적을 실현하기 위한 플랫폼으로서의 의미가 크다(Williamson, 2018). 교육이 가지는 공적 가치를 중요하게 다루지 않을 가능성이 큰 것이다. 또한 이는 높은 비용의 문제와 연결된다. 학생과 학부모의 교육비 부담이 커진다는 것은 접근성 차원에서 교육 기회의 불평등 구조에 일조한다는 우려를 피할 수 없다. 그뿐만 아니라 그 비용의 상당 비율을 기업의 투자금으로 충당하는 만큼 학교 운영에 대한 기업인들의 영향력이 크게 작용한다는 한계가 있다.

마지막으로 알트스쿨을 비롯한 기술 혁신 학교가 중요시하는 학습자 주도성이 과연 성공적으로 달성되는지 고찰해 보아야 한다. 알트스쿨이 내세우는 학습자 주도성의 방향은 명확하지 않다. 다만 "스스로의 학습을 책임감 있게 건설적으로 이끌 수 있는 능력"이라고 정의할 뿐이다(AltSchoolm, 2019). 이 정의에 의하면 주도성은 개인의 학습이라는 활동에 국한되어 있고 방향성에 대한 고찰 없이 '이끈다'는 행동에만 초점이 맞추어져 있다. 앞서 언급했듯이 알트스쿨을 비롯해 산업체에서 설립한 학교들은 교육의 존재 이유를 경쟁력 있는 인재를 양성하는 것으로 본다. 그러나 교육의 역할은 단순히 인력 시장에서 성공하는 인재를 기르는 것이 아니라 자신과 공동체를 위해서 중요한 의사 결정에 참여하고 변화를 위해 실천하는 주도적인 사회 구성원을 기르는 것이다. 이러한 방향의 학습자 주도성에는 책임의식이 요구된다. 책임의식을 길러 주는 것 역시 교육의 중요한 역할 중 하나다.

최근 한 연구에서는 교육을 통해 학생들이 길러야 할 책임감을 세 가지 차원으로 구분했다(Mergler, 2017). 하나는 자신의 행동이 선택의 행위라는 인식과 통제감을 갖는 것, 두 번째는 행동과 그에 따른 결과에 대해 책임을 질 의지를 갖는 것, 세 번째는 자신의 행동이 타인과 공동체에 미칠 영향에 대해 인식하고 염려하는 것이다. 그리고 주도성이란 이러한 비판적 인식과 의식을 토대로 나와 공동체의 상생과 성장을 위하여 행동력을 발휘하는 것이다. 이런 의미에서 교육과 학습은 관계를 바탕으로 이루어지는 것이며 학습자 주도성이란 자신의 학습에 대해 책임과 주도권을 실질적으로 발휘할 수 있을 때 그 과정에서 경험적으로 길러지는 것이라고 볼 수 있다(Rutledge, Cohen-Vogel, Osborne-Lampkin, & Roberts, 2015). 또한 학습자 주도성이란 정교하게 설계된 알고리즘을 통해 자동적으로 얻을 수 있는 교육과정의 결과물이 아니라 이를 현장에서 시행하고 적용하는 학교와 교사, 학생들의 비판적 인식과 능동적 실천 방식에 달린 것이라고 볼 수 있다.

일본의 학습자 주체 교육

일본의 학습자 주체 교육의 확산은 문부과학성의 정책을 계기로 한다. 2020년부터 초등학교 국가교육과정이 개편되었으며 2021년에는 중학교, 2022년에는 고등학교 국가교육과정이 개정된다. 개정 교육과정의 키워드는 '주체적 · 대화적 깊이 있는 배움'으로, '능동적 학습(active-learning)'을 전면 도입하는 것이다. 도입의 배경에는 지식과 기술, 키 컴퓨턴시(key-competency), 21세기형 스킬 형성을 중시하는 신학력관으로의 전환이 있다. 그 방향과 이념의 기본은 '유토리[餘裕(ゆとり)] 교육[9)]'을 통해 20년 전부터 지속적으로 제시해 온 것이다.

학력관 전환에 따라 교육 방법까지도 전환하는 최근의 정책적 흐름은 세계적인 사회경제적 변화를 배경으로 한다. 지식 기초 사회, 정보화 사회가 도래함과 동시에 일본 교육 동향에는 급속한 사회 변화에 대응하기 위해 대량 생

---

9) 일본에서는 지식 중심 교육보다 생각하는 힘을 기르는 교육이 필요하다는 문제의식을 토대로 2000년대 초반부터 유토리(여유) 교육을 지속적으로 추진해 왔다.

산 양식에 맞춰 지식과 기술을 주입하는 교육에서 벗어나 가치와 혁신을 창출하는 과제 해결 능력이나 타인과 협동하는 의사소통 능력을 키우는 교육의 필요성이 반영되었다.

문부과학성은 2016년에 2020년부터 실행할 국가교육과정을 전면 개편했다. 기존의 획일적 지식 편중형 교육에서 개성과 자주성을 중시하고 학생 개인의 지식이나 기술 협동에 의해 문제를 해결하는 힘을 키우는 교육으로의 전환이 목표였다. 유토리 교육의 본질은 '수업 시수'나 '학습 내용' 축소가 아니라, 지식의 양을 늘리는 교육이 아닌 지식을 활용하는 교육으로의 전환이었다. 2020년에 도입된 국가교육과정에는 이러한 교육의 이념이 그대로 반영되어 있다. 2020년 도입 국가교육과정(학습 지도 요령)의 세 가지의 축은 '무엇을 배울 것인가?', '어떤 방법으로 배울 것인가?', '무엇을 할 수 있게 될 것인가?'다. 여기서 '무엇을 할 수 있게 될 것인가?'는 앞서 언급한 삶의 주도성과 연결된다.

학습자 주체의 등장 배경

학습자 주체 또는 학습자 중심(learner-centered) 교육이라는 표현은 일본에서 일상적으로 사용되지 않지만, 학습자(학생)를 중심으로 학교교육의 방향을 바꾸려는 움직임

그림 3-1 교육과정 개혁의 진동 추

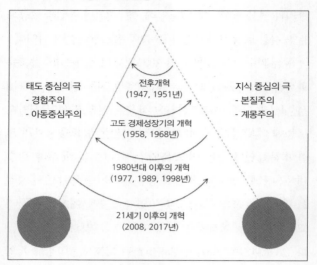

태도 중심의 극
- 경험주의
- 아동중심주의

전후개혁
(1947, 1951년)

고도 경제성장기의 개혁
(1958, 1968년)

1980년대 이후의 개혁
(1977, 1989, 1998년)

21세기 이후의 개혁
(2008, 2017년)

지식 중심의 극
- 본질주의
- 계몽주의

* 괄호 안의 연도는 학습지도요령(국가교육과정) 개정 연도임
小針誠(2018:154). 『アクティブラーニング—學校敎育の理想と現實』.
講談社現代新書.

은 최근 급속하게 확산되고 있다. 이것은 세계적으로 일본
이 다른 OECD 회원국과 비교하여 현저하게 뒤처지고 있
다(佐藤學, 2012)는 문제의식에서 시작되었다.

문부과학성의 '능동적 학습(active-learning)'은 일본의

학습자 주체 교육의 시작이라 할 수 있으며, 주체적·대화적 깊이 있는 배움이라는 표현을 사용한 정책이 추진되고 있다. 이러한 학습자 주체 교육은 이전부터 다양한 형태로 추진되어 왔으며 사토 마나부(佐藤學)의 배움의 공동체, 대안학교인 기노쿠니(きのくに)학교, 공교육의 틀 밖에서 학습자 주체성을 실천하는 도쿄슈레(東京シューレ) 등의 프리스쿨[10]이나 슈타이너(steiner) 교육 등이 모태가 되었다. 이러한 실천의 기반이 된 학습자 주체 사상은 역사적으로 19세기 이후 세계적인 신교육 운동을 계기로 지속적으로 주장되어 왔다. 듀이의 진보주의 교육이 일본에서는 '대정신교육' 또는 '아동중심주의 교육'으로 표현, 강조되었다.

그림 3-1과 같이 일본은 제2차 세계대전 후에도 아동중

---

10) 프리스쿨이란 학교 개혁에 관련한 풀뿌리 운동의 하나로 1960년대에 시작되었으며 부모들끼리 자본을 모아 학교를 만들고 교사를 고용하고 법인화하여 운영하는, 수업료가 무료인 학교를 의미한다(佐藤學, 1996:74). 일본에서는 탈학교 아동을 위한 자유학교의 모형으로 보급되었다(NPO 法人東京シューレ, 2000). 학교 밖 교육 시설이라 학교, 교사, 수업료라는 단어는 어울리지 않지만 아직 일본은 무상은 아니고 회비를 받는다.

심주의 교육과 지식(교과서)을 중시하는 계통주의 교육 사이에서 방황하는 교육 양상을 보였다.

이렇듯 일본의 학습자 주체성 교육은 19세기 이후 여러 형태로 발전되어 왔으며, 시대에 따라 그 양상과 방법이 다르다. 그러나 공통으로 교사 중심 교육에서 아동(학생) 중심 교육으로 변화하면서 교육의 방향이 수동적인 교육에서 능동적인 학습으로 변화하고 있음을 알 수 있으며, 이는 일제교육(一齊敎育)의 방법을 부정하는 것이다.

앞서 설명한 배움의 공동체나 기노쿠니학교 등의 실천은 문부과학성의 동향과 별개로 아동 중심성에 대한 현장의 문제의식에서 생겨났다. 따라서 학습자 주체성이라는 큰 틀에서는 문부과학성의 '능동적 학습'과 이념을 같이하지만 목표는 다르다고 할 수 있다. 배움의 공동체나 기노쿠니학교에서는 경제계에서 요청하는 '세계화에 대응하는 외존적(외부의 요청에 의한) 교육'은 학습자 중심 교육이 아니라는 비판을 하기도 한다.

학습자 주체들이 만드는 배움의 공동체

한국에 소개된 배움의 공동체는 일본에서보다 더 많은 주목을 받았다. 일본의 교육학자 사토 마나부가 창안한 배움

그림 3-2 대화적 실천으로서 배움

배움의 세 가지 차원	수업에서의 실천	배움의 의미
대상과의 만남과 대화	작업적인 활동	활동적인 배움
↕	↕	↕
타자와의 만남과 대화 ⟺	소집단 활동 ⟺	협동적인 배움
↕	↕	↕
자기와의 만남과 대화	표현과 공유	표현적인 배움

의 공동체는 21세기형 학교 비전을 나타내는 개념으로, '학생들이 서로 배우며 자라는 장소, 교사도 전문가로서 서로 배우고 성장하는 장소, 학부모와 시민이 함께 학교의 교육 활동에 참가하여 서로 배우고 성장하는 학교'와 그 재생을 의미한다. 또한 배움의 공동체로서 학교 운영은 공공성, 민주주의, 탁월성의 철학에 입각해 이뤄진다.

배움의 공동체에서 교실 활동은 활동적이고 협동적이며 반성적인 배움을 조직하도록 만들어졌다. 모든 교실에서 학생은 물론 교사에게도 학생들의 배움에 대한 응답 관계에 따라 서로 듣는 관계가 성립되게 하는 수업 방법을 사용한다. 구체적으로는 대화적 실천에 따른 협동적 배움이다. 배움의 공동체가 강조하는 배움의 내용을 요약하면 그림 3-2와 같다.

대화적 구조에서 배움이 가능하다는 점에서 배움의 공동체는 교육 내용인 대상 세계(사물)·사람·일과의 만남과 대화, 그 과정에서 수행되는 다른 학습자의 인식이나 교사의 인식과의 만남과 대화, 타자와의 대화를 강조한다. 이는 자립할 수 있는 아이들이 의존할 수 있고 의존할 수 있는 아이들은 자립할 수 있음을 의미한다. 또한 학습자 바깥 존재와의 대화뿐 아니라 자기 자신과의 만남으로서 대화도 강조한다. 결과적으로 배움의 공동체에서 말하는 배움은 세계 만들기(인지적 실천)와 동료 만들기(대인적 실천)와 자기 만들기(자기 내적 실천)의 세 가지 차원에 걸친 대화적 실천에 의해서 수행되며 '의미와 관계를 엮어 가는 영속적인 과정'이다.

배움의 공동체는 지식이나 기능을 수동적으로 습득하는 '공부'에서 탈피하여, 지식이나 기능을 자아 개발과 실현을 위한 '배움'으로 전환하는 일에 중점을 둔다. 인격과 인격의 만남과 대화를 통한 공동체 수업은 가르침과 배움의 모든 교육 체계를 일방적인 행위가 아닌 상호적 활동으로 정의한다. 그렇게 될 때, 가르치면서 배우고 배우면서 가르치는 상호 공동체적인 배움의 장을 실현할 수 있다고 본다. 그러한 의미에서 교사가 학생의 스승인 동시에 학생은 교사의 스승이 된다.

배움의 공동체는 기존의 경쟁 관계와 서열 관계로부터 탈피를 강조한다. 개인의 능력에 초점을 맞추어 개인 간의 경쟁 내지 서열을 조장하는 수직적 장으로서의 교실이 아니라 서로가 서로에게 가르침과 배움을 공유하는, 협력과 배려를 함양하는 수평적 장으로서 교실을 활용하는 것이다(佐藤學, 2000/2003:68~69)

이전의 일본 교육 체제는 개인보다 집단의 역할을 강조하는 국가주의에 기반을 두고 있었다. 이러한 맥락에서 주체성은 개인의 자율성에 기반한 선택과 책임에 의한 것이 아니라 사회와 조직에 의해 조작된 자율성이다. 주체성 신화는 아이들의 진정한 흥미와 관심을 배제하고, 교사-교재-학습 환경에서 떼어냄으로써 형성된 거짓 주체성을 의미한다. 배움의 공동체는 이와 같은 주체성 신화를 거부하고 대안을 모색하면서 시작되었다(오상진·김회용, 2010). 이러한 문제의식에서 사토 마나부는 협력 학습을 강조하고 기존 교육 체제의 주체성 신화를 극복하기 위해서 개성적인 배움을 축으로 하는 활동적·협동적·반성적인 배움의 양식을 찾아야 한다고 주장한다(佐藤學, 2000/2006:31).

한편 사토 마나부는 배움의 공동체가 성립하기 위해서는 수업 개혁뿐만 아니라 교사 간 동료성이나 보호자, 시민의 학교 참여가 함께 이루어져야 함을 강조한다. 즉, 학교 개혁의 필요성을 강조하는 것이다(佐藤學, 2012; 2016). 이처럼 사토 마나부의 배움의 공동체에서는 기존의 학교제도(공교육)의 틀 안에서 학생들의 의미 있는 배움을 이끌어 내고자 했다.

보통 대안교육의 실천은 공교육의 틀 밖에서 이루어지거나 공교육의 확장 가능성을 상상하는 제도 개혁의 성격을 띠지만, 배움의 공동체는 공교육 안에서 의미 있는 변화를 추구했다는 점에서 특별하다고 할 수 있다.

학습자 주체와 공교육의 관계

이 절에서는 일본의 교육 개혁 과정에서 급격하게 확산된 학습자 주체 교육, 즉 학생 중심 교육과 그 실천 규모를 살펴보고자 한다.

공립학교를 대상으로 한 문부과학성의 조사에 따르면 '능동적 학습'을 실시하고 있는 학교는 초등학교 48.9퍼센트, 중학교 45.7퍼센트, 고등학교(전일제 보통과) 43.9퍼센트로 전체의 절반 정도에 해당한다(文部科學省, 2016).

일본 문부과학성은 이를 폭발적인 보급이라고 주장한다.

　한국에서도 널리 알려진 배움의 공동체 실천 학교는 초등학교 약 1500개교, 중학교 약 2000개교, 고등학교 약 300개교 규모다(佐藤學, 2012). 이 자료에 의하면 일본 전체 초등학교의 약 7퍼센트, 중학교의 약 20퍼센트, 고등학교의 약 6퍼센트 정도 보급되었으며, 중학교의 보급률이 가장 높다.[11] 배움의 공동체는 일본 내에서 각 지역의 파일럿(pilot) 학교를 중심으로 네트워크 형식을 취해 확산되고 있으나, 한국을 비롯한 해외에서는 대부분 국제 프로젝트나 하향식으로 확산되고 있다(佐藤學, 2012:53). 이러한 학습자 주체 교육의 전파에 대해서는 방법의 타당성 측면에서 긍정적인 평가와 부정적인 평가가 나뉘기도 한다.

　'능동적 학습'이나 배움의 공동체는 공교육의 틀 안에서 이루어져 왔으며, 양적 측면에서 지속적으로 확대되었다. 하지만 공교육 밖에서 이뤄지는 대안교육의 경우에는 정확한 상황을 파악하기 어렵다. 대안교육의 한 형태인 프리

---

11) 2012년도 일본의 학교기본조사에 따르면 일본 전국 공립, 사립 학교 수는 초등학교 2만1460개, 중학교 1만699개, 고등학교(전일제·정시제) 5022개였다.

그림 3-3 일본의 학습자 주체에 관한 교육 실천의 흐름

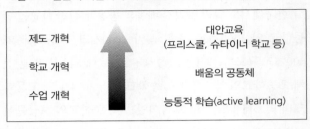

스쿨(Free school)은 일본 전역에 적어도 400개 이상 존재
한다고 알려져 있다(文部科學省, 2015). 대표적으로 프리
스쿨 도쿄슈레가 있다. 도쿄슈레 가츠시카(葛飾) 중학교
는 영국 서머힐학교의 영향을 받았으며, 기노쿠니학교는
슈타이너학교 초·중·고등부의 영향을 받았다. 또 대정
신교육 계열 교육 기관으로 이토쿠 도마노(苫野一德)가
설립한 자유의 숲 학원(중·고등학교)가 있다.

　이렇게 대안교육이 공교육 틀 안에서 이루어지는 것은
1998년의 교육과정 기준이 완화되어 특색 있는 학교를 추
구하게 된 결과이며(天笠茂, 1999), 2005년에 탈학교 학생
등을 대상으로 한 학교를 설립할 때는 교육과정을 탄력적
으로 운영할 수 있다는 내용의 개정이 이루어진 결과다.

이 개정이 공교육에서 학습자 주체 교육을 하기 위한 정비였다는 의견이 있는 반면, 공교육의 규제 완화(시장화)를 통하여 자유화하는 신자유주의적 정책으로 보는 의견도 있다. 학습자 주체의 자유적 교육 실천 실행에 관한 일본의 정책 조건 정비는 이러한 사회경제적, 정치적 환경과 밀접한 관계가 있기 때문에 그 동향을 신중하게 검토할 필요가 있다.

지금까지 서술한 바와 같이 일본에서는 학습자 주체 교육이 다양한 형태로 전개되어 왔고, 구체적인 실천 방법은 서로 다르지만 능동적 학습으로의 전환이라는 생각을 기본으로 한다. 일본의 학습자 주체 교육 개혁에 대한 논의는 다층적이고 복잡하지만 학습자 주체 교육이 기대하는 개혁의 정도를 크게 수업 개혁, 학교 개혁, 제도 개혁의 세 가지 수준으로 분류하면 그림 3-3과 같다.

문부과학성의 '능동적 학습'을 포함한 학습자 주체 교육은 교실 내의 수업의 개혁에 머무르지 않고 수업 개혁을 통한 학교의 변화를 궁극적인 목적으로 한다. 특히 기존 학교 제도 내의 학습자 주체 교육에 대한 한계를 인식하고 민주적 학습 공동체를 형성하여 학생이 주체가 된 교육 제도 개혁을 추구하고 있다고 할 수 있다.

문부과학성은 2012년 이후 국가교육과정이나 각종 정책 문서에서 문제 해결 학습, 프로젝트 학습, 조사 학습, 토론, 롤 플레이 등에 대해 설명하면서 '능동적 학습'을 추진하고 있다. 이러한 방법은 교사 중심의 일제 수업을 개혁하고자 하는 학습자 주체 교육 방법들이다. 그러나 이 역시 국가교육과정 안에서 어떻게 학습자 주체의 능동적 학습을 성립시킬지 고민한 것으로, 수업 개혁의 틀을 벗어나지 못한다는 한계점이 있다. 하지만 공교육의 국가교육과정 범위에서 능동적 학습을 활용한 학습자 주체 교육을 실현하기 위해 구체적인 방법을 도입하고 이를 정책화하여 추진했다는 점에서 한국의 학습자 주도 교육에 시사하는 바가 크다.

　덧붙여 일본의 공교육에서 학습자 주체를 강조하는 흐름은 세계화와 신자유주의를 강조하는 축과 공동체성을 기반으로 협력적이고 민주적인 배움의 실천을 강조하는 축으로 나뉜다. 이는 경제 권력이 교육에 관여하고 개입하려는 세계적 추세 속에서 교육의 고유한 영역을 지키려는 노력의 흔적이라고 볼 수 있다.

혁신초등학교: 가을초등학교와 바람초등학교

2000년대 초반 시작된 자발적인 학교 혁신 운동은 2009년 김상곤 교육감 후보자의 선거 공약으로 채택되었고, 당선 이후 대표적인 진보교육 정책으로 추진되어 왔다. 혁신학교 정책은 초기부터 수업 혁신을 중요한 과제로 삼아 왔다. 교과서 중심의 획일적인 기존 수업에서 탈피하고, 교사의 가르침이 아니라 학생의 배움을 중심으로 교육과정을 재구성하는 것이 수업 혁신의 기본 틀이다. 초등학교급에서는 주로 학년별로 주제 중심 교육과정을 구성하고 주제 중심 교육과정의 구현을 위해 프로젝트 수업을 활용한다. 학생의 배움을 중요시하는 만큼, 수업에서 학생 참여와 주도성을 강조한다.

가을초등학교의 춤 수업: 서로 배움

가을초등학교는 소도시에 위치한 작은 학교다. 2019년 1학기에 5학년 '자유와 인권' 프로젝트 수업을 전 교과에 적용하여 운영했다. 국어, 사회, 미술, 음악, 도덕, 체육 등의 교과 교육과정을 통합하여 프로젝트를 구성했으며 이 절에 포함된 춤 수업은 전체 프로젝트의 일부다. 춤 수업은 총

15차시이며, 교과서에 제시된 민속 무용 대신 스트리트 댄스(street dance)를 활용하여 주제 표현에 대해 다루었다. 5학년 세 학급이 매주 금요일 오후에 함께 모여서 수업을 했다. 스트리트 댄스를 오랫동안 해 왔고 경기도 무용교육연구회에 소속되어 활동해 온 정우현 선생님이 수업을 주도하고, 나머지 교사 두 명은 수업 전반을 기록하고 개별학생들이 겪는 어려움이나 갈등을 해결하고 조정하는 역할을 했다.

춤 수업 전체는 춤과 다양한 표현 방식, 무용 기본 동작과 스트리트 댄스의 장르별 기본 동작을 배운 후 장르별로 팀을 이루어 수정 창작을 하고 학생들이 원하는 음악을 선택하여 모둠을 구성하고 거기에 맞춰 창작 활동을 하는 것으로 이루어졌다. 이 수업의 의도 중 하나는 학생들이 춤의 즐거움을 스스로 느끼고 본인의 생각을 표현하는 것이었기 때문에 교사가 직접 가르치기보다 학생들이 스스로 창작할 수 있도록 했다. 대신 교사가 사전에 유튜브에 각 장르별 기본 동작에 대한 설명과 시연을 업로드하고 학생들이 이를 수업 시간에 태블릿 PC로 활용할 수 있게 했다.

이 수업은 기질 · 조건 · 실력이 다른 학생들이 하나의 모둠을 구성하고, 그 안에서 학생들끼리 춤 작품 발표를 준비하면서 긴장과 갈등 속에서 배움을 경험하는 과정이다. 학생들은 다른 학생들과 함께 무엇인가를 창작하는 과정에서 의견을 조율하고 자기 생각을 내려놓는 연습을 하며, 원래 자신의 관심 밖에 있었던 활동을 통해 성취를 경험한다. 이 과정에서 때로 갈등을 겪기도 하지만, 결과적으로는 무대에 올라가 한 모둠으로 공연을 한다. 이는 학생들이 타인과의 상호작용 방식, 민주적 의사 결정, 차이를 이해하는 관점과 태도 등을 배우는 과정이기도 하다.

갈등을 통한 학습은 교사의 수업 설계에서 이미 계획되었던 것이기도 하다. 모둠 구성의 기준이 좋아하는 음악이었기 때문에 같은 모둠 안에 있다고 하더라도 선호하는 춤의 장르는 다른 경우가 있었다. 이에 따라 춤 동작을 구성하거나 연습을 하는 과정에서 이견이 생길 수밖에 없었다. 그런데 교사는 이를 수업 운영의 어려움이 아니라 배움의 계기라고 보았다.

지금은 다른 장르끼리 모이다 보니까 의사소통 어려움을 좀 겪으면서 해 나가고 있어요. 저는 그걸 겪는 게 맞는다고 생각하는 게, 춤의 표현 영역에 대한 수업을 해야 되는 이유 중에 하나가 의사소통이더라고요. "의

사소통과 의사결정 능력이 향상된다" 이렇게 되어 있
더라고요. 친구들이랑 같이 해 보는 과정을 통해서 의
사소통도 겪어 보고 의사결정 능력도 키우고, 그렇게
생각하고 있어요.

(가을초등학교 교사 정우현)

학생들은 실제로 모둠 활동을 작품으로 올리는 과정에
서 이견의 조정을 반복하여 경험한다. 학생들은 이 과정에
서 뭔가를 배운다는 것을 알고 있다.

박진주: 그런데 저기서 무슨 작품을 할지 정하고 그 다
　　　음에 얘기를 나누고 뭐가 좋을지 그런 거 다수
　　　결로 정하고 그런 게 좀 (중략) 되게 많이 해요.
연구자: 아 되게 많이 해? 그렇구나. 그런 걸 하면서 배
　　　우나 보다. 서로 의견 조정하고 그런 거.
아이들: 네.
연구자: 근데 그러다가 막 싸우진 않아요?
박진주: 싸우진 않아요.
이지은: 의견 심하게 충돌하면 싸우게 되는 경우도 있죠.
연구자: 그럼 그럴 때는….

120

이우민: 그거는 좀 드물고 그럴 때는 약간 조금씩 의견 충
   돌이 있을 때는 있는데, 그런데 많지는 않아요.

(가을초등학교 학생들)

모둠을 이루어 활동을 하게 되면 필연적으로 주도하는 학생과 그렇지 않은 학생이 나뉜다. 춤 수업에서도 음악을 틀고 춤의 시작과 중단을 결정하며, 동작을 만드는 데서 다른 학생들을 이끄는 학생들이 나타난다. 이 학생들은 동작뿐만 아니라 의견을 조율하고 조정하는 데서도 리더 역할을 한다. 한 모둠에서 주도적인 역할을 했던 여학생은 자신의 생각을 이야기하면서, "너 생각 무시하는 건 아니고, 내 생각은 이렇거든"이라고 말하면서 모둠 구성원 간 역할과 위치를 조정하는 모습을 보여 주었다.

학생들은 갈등 조정을 해 보면서 의외로 좋은 결과를 경험한다. 이러한 경험을 통해 학생들은 이질적인 모둠 구성원이 이견으로 인한 갈등을 낳지만은 않는다는 것을 알게 된다. 나와 다른 사람, 낯설고 잘 알지 못하는 사람을 만나서 함께 활동하는 것이 서로를 더 잘 알게 해 주는 좋은 계기로 여겨지는 것이다.

연구자: 반을 섞어 놓으면 좋은 점이 있어요?

이희선: 다양한 성격과 친구들과 잘 안 어울리는데 어 울릴 수도 있고… (중략)

박진주: 난 개랑 안 맞는 것 같은데 춤을 같이 하니까 되게 잘 맞고, 성격 나쁜 줄 알았는데 좋은 아 이라는 그런 거를 (알게 되어서).

(가을초등학교 학생들)

춤 수업에서 학생들은 서로 다른 존재들이 만나서 활동을 하는 과정에서 갈등이 발생할 수밖에 없고 이를 해결하기 위해서는 각자의 의견을 조정해야 하며 이를 통해 공동의 작품을 만들어 갈 수 있음을 배우고 있었다.

춤 수업이 자칫 춤에 자신감이 없는 학생들에게는 심리적인 부담과 열등감을 느끼게 할 수도 있다. 교사는 춤을 배우는 과정에서 개별 학생이 각자의 수준과 속도에 맞게 배울 수 있도록, 학생들이 스스로 동작을 익힐 수 있도록 안내하는 동영상을 유튜브에 업로드하고 이를 언제든 반복하여 볼 수 있도록 했다. 이를 통해 교사 한 명이 수십 명의 학생에게 개별적으로 교육하는 효과를 냈다. 이와 같은 방법을 통해서 교사가 학생들에게 춤 동작을 직접 가르치는 것에 비해 학생들 간 격차를 "커버"할 수 있을 뿐 아니라 "자기 생각을 정리할 시간"을 갖게 하는 장점이 있다.

학생들은 개별적으로 기본 동작을 익힌 후 개인 또는 모둠으로 창작 활동을 한다. 최종적으로는 모둠별로 장르와 음악을 자유롭게 선택하여 창작 활동을 한다. 각자 노력하고 서로 배우는 것에 익숙한 학생들은 자신이 잘하지 못하는 것에 대해서 다른 학생에게 가르쳐 줄 것을 적극적으로 요청하거나 교사에게 도움을 요청한다.

한 여학생이 자신이 못하는 부분을 이야기하면서 리드하는 여학생에 동작을 가르쳐 달라고 요청을 한다. 그러자 이 여학생이 일단은 전체 동작을 짜고 이따가 가르쳐 주겠다고 이야기한다.

(가을초등학교 수업 관찰 일지 중)

학생들은 자신의 부족함을 드러내고 도움을 요청하는 일을 어려워하지 않는 것처럼 자신이 도움을 줄 수 있는 학생에게 다가가 설명하고 가르쳐 주는 일 또한 대수롭지 않게 여긴다. 모둠을 주도하며 리드하던 여학생은 자신에게 도움을 요청한 그 학생에게 맞는 방식으로 가르쳐 주었다.

조정하는 과정에서 리드하는 여학생은 빈 종이를 구해
서 그림을 그리며 각자의 위치를 설명한다. 다른 여학
생이 세부 동작을 묻자 설명해 준다. 아까 도움을 요청
했던 여학생에게 동작 설명을 개별적으로 하고, 나머
지 여학생들은 대열을 맞춰 음악을 틀고 연습을 한다.

(가을초등학교 수업 관찰 일지 중)

학생들은 관계성을 토대로 배우고 있었다. 창작 활동의
과정에서 서로 가르치고 배우고 있었으며, 때때로 개입하
는 교사로부터 배우기도 한다. 특히 학생들끼리 서로 가르
치고 배우는 과정에서는 서로의 다름에 대해 인지하게 되
고, 그것은 자기 존재에 대한 한계를 인식하는 계기가 된다.

이지은: 항상 오실 때마다 잘한다고 해 주셔가지고 저
　　　　희가 자신감을 얻어가지고 애들이 좋아해요.
연구자: 좋아요? 선생님이 와서 한 번씩 봐 주면?
학생들: 네.

(가을초등학교 학생들)

여덟 개 모둠 중 한 모둠도 중도에 포기하지 않고 작품

을 무대에 올렸다. 이 과정에서 학생들 모두는 큰 성취감을 느꼈다. 이렇게 성취감을 얻게 한 또 하나의 계기는 각 모둠의 작품을 발표하고 공유하는 과정에서 모둠의 성과에 위계를 두지 않고 각 작품의 장단점을 돌아보게 한 것이었다. 교사들은 모든 작품에 호응과 칭찬을 아끼지 않았다. 더불어 정우현 교사는 학생들이 다른 학생들의 작품에 피드백하는 내용에 대해서도 빼놓지 않고 호응을 했다.

결과적으로 이 수업에 참여한 모든 학생들은 춤 실력이나 재능과 관계없이 각자의 성취감을 느낄 수 있었다. 이렇게 성취감을 느끼는 과정은 학생들이 서로에게 가르침과 배움의 상대가 되는 과정이기도 했다. 학생들은 배움과 성장의 과정을 스스로 돌아보며 현재의 성취를 긍정적인 것으로 인식하게 된다.

학생들은 춤 수업을 통해 스스로의 인식의 지평이 넓어졌다는 것을 학습 결과로 인식한다. 춤 수업 전에 학생들은 '아이돌 댄스'가 곧 춤이라고 인식하고 있었다. 팝핀과 같은 스트리트 댄스의 존재를 알고는 있었지만 자신들과 관련이 있다고 생각하지 못했던 것이다.

저는요 이런 아이돌 댄스만 알고 아이돌 댄스만 추고

있었는데, 팝핀 이런 장르 알고는 있었지만 하우스나 락킹이나 이런 거는 처음 들어보는 장르였는데, 배우면서 춤의 다른 장르들도 더 많이 알게 된 것 같아요.

(가을초등학교 학생 이지은)

춤 수업을 통해 다양한 장르의 춤이 있음을 알게 되었다는 것은 다른 분야에서도 인식의 지평이 넓어질 가능성이 있음을 깨닫게 해 주었을 것이다.

정우현 교사는 춤 수업을 통해 학생들이 의견을 조율하고 소통하는 방식을 배웠다고 생각한다. 모둠별 작품이라는 결과물보다는 과정의 배움을 중요하게 여기는 것이다.

지금 보셔서 알겠지만 의견 충돌이 좀 있긴 있어요. 애들이 같이 모여서 모둠 활동을 하면은 자기주장이 강한 아이들이 있어서 계속 부딪혀요. 애네가 의견 조율하는 과정을 배우는 것도 저는 하나의 과정이라고 생각을 해서, 결과물도 중요한데 사실 결과물보다는 그 과정이랑 짧지만 춤을 추면서 즐거움을 느끼면 저는 그걸로 충분하다고 생각하거든요.

(가을초등학교 교사 정우현)

바람초등학교의 블록 수업: 사고의 확장

바람초등학교는 신도시 아파트 단지 안에 있는 학교다. 바람초등학교의 교실은 맨발 교실이고, 학생들의 책상은 디귿(ㄷ)자 형태로 교실 한쪽 모서리 공간에 배치되어 있다. 나머지 공간은 학생들의 놀이 공간 또는 수업 시간에 다른 친구들과 생각을 나누는 공간으로 활용된다. 블록 수업 사이의 쉬는 시간에 학생들은 이 공간에 누워 있기도 하고, 이불을 꺼내 자유롭게 놀기도 한다.

바람초등학교는 학년별로 주제 중심 교육과정을 운영하고 있는데, 학년 초에 학년 담당 교사들이 모여 학년에 필요한 주제를 정해서 교과 교육과정과 연결하여 주제 중심 교육과정을 구성한다. 2009년부터 혁신초등학교에서 주제 중심 교육과정을 운영해 왔고, 주로 6학년을 담당해 오면서 주제 중심 교육과정 재구성의 노하우를 가진 이성식 교사가 6학년 부장 교사를 담당하고 있다. 6학년 교사들은 주제를 중심으로 각 교과의 학년 성취 수준의 유사한 내용끼리 유목화하여 소주제를 추출한다. 학년 교육과정은 하나의 중심 주제를 바탕으로 7~8개의 소주제로 구분된다.

이성식 교사는 등교 전에 원하는 학생들과 8시 30분부터 약 30분가량 아침 나들이라는 이름의 산책을 하고, 쉬는 시간과 점심시간에는 학생들과 함께 뒹굴고 뛰어논다. 학생들과 친구 같은 관계처럼 보이지만 수업 시간에는 엄격하고 단호한 태도를 보이는 편이다. 학생들은 이성식 교사가 엄격하면서도 친근한 선생님이라고 이야기한다.

국어와 사회 수업은 학생들이 개별 활동이나 학습에 의해서만이 아니라 다른 학생과의 관계, 교사와의 관계를 통해 배우도록 설계되어 있다. 먼저 교사가 수업 내용을 강의 방식으로 전달하고, 학생들이 관련 활동을 한 후, 수업에서 다룬 내용을 실생활과 연결하여 실천하는 과정에서 학생들은 관계를 통해 학습하고 관계에 관한 사유를 경험한다.

첫 번째 블록 수업이었던 국어 시간에 학생들은 교사의 설명과 이야기에 대해 자신의 의견을 제출하고 그것이 수업 내용에 반영되는 것을 경험한다. 학생들이 수업 시간에 교사에게 거리낌 없이 자신의 의견을 제시할 수 있는 것은 교사의 교육 철학과도 관련이 있다. 이상식 교사는 교사가 학생보다 더 많은 지식을 알고 있지만, 학생의 이야기가 타당하다면 그것을 받아들일 수 있어야 건강한 관계가 성립된다고 믿는다.

저는 아이들이 자기의 의견을 말을 못 하거나 자기들이 원하는 게 있거나 지금 이 상황에서 이걸 해야 할 것 같은데 선생님이 이걸 한다고 해서 입을 다물거나 그러는 상황이라면 당장 이렇게 안 할 거예요. 근데 아이들은 저랑 그렇게 지내지 않아요. 자기들이 할 말 있으면 하고 하지만 저도 할 말 있으면 해요. "니들이 선생님 이길 수 있으면 이겨 봐" 이렇게 이야기하고 그 다음에 애들이 저한테 이야기하면 제가 질 때도 있고. "오 좋아 선생님 졌다" 이렇게 하기도 하고. 그런 관계를 만드는 게 저한테 중요하고.

(바람초등학교 교사 이상식)

이 교사에게 학생들과의 민주적인 의사소통이 가능한 관계를 형성하는 것은 수업을 기획하고 운영하는 데 중요한 맥락이자 특징으로 작동한다. 이상식 교사는 자신이 지식을 전달하는 것보다 학생들이 자신의 의견을 내고 다른 사람의 이야기를 들으며 서로 배우는 과정이 보다 의미 있다고 여긴다.

교사는 '나'뿐인 말의 심각성을 이야기하고, 현재 6학년의 언어생활에 대한 자신의 생각과 어떻게 하면 좋을지를 적게 한다(이 과정은 교사의 의도적 행위로 보인다. 나쁜인 말을 하는 것은 옳지 않음을 전제하고 어떻게 해야 나쁜인 말을 하지 않을 수 있을지를 적게 했기 때문이다). 다 적은 학생들은 책상 뒤쪽 마루에 나와서 다른 학생이 쓴 것을 서로 공유한다. 조용히 노트를 주고받으면서 친구의 생각을 확인한다. 교사의 말에 집중하지 않던 학생도 자기 생각을 적는다. 그리고 교사는 모든 학생이 자기 생각을 적을 때까지 기다렸다.

(바람초등학교 수업 관찰 일지 중)

여기서 이루어지는 학생들의 학습은 '의견 내기-다른 사람의 의견 듣기-성찰하기'라는 일련의 과정으로 대화적 구조 속에서 이루어진다는 특징이 있다. 이는 '배움의 공동체'에서 배움의 실천을 대화적 실천으로 정의하는 것과 같은 맥락이다. 배움의 공동체에서 대화적 실천은 각 개인의 활동과 경험을 구획하는 경계 넘기의 실천이며, 이것은 차이와 다양성을 가진 존재들의 교류를 기반으로 이루어진다(손우정, 2004:90).

학생들은 교사의 수업에 대해 의견을 내며 교사-학생

관계 속에서 학습을 하고, 다른 학생과의 대화를 통해서도 무엇인가를 배운다. 학생들은 교사 혹은 다른 학생들과의 자유로운 상호 대화를 통해서 문제를 발견했고 문제 해결의 방법을 찾았으며, 이를 실천으로 이어 갔다.

교사 역시 학생과의 관계 속에서 배운다. 이상식 교사도 학생들의 이야기를 경청함으로써 변화와 성장을 경험했다. 그는 교직 초기 학생에 대한 이해가 전혀 없었던 시기를 회상하면서, 학생들과의 상호작용을 통한 수업 경험이 학생들을 더 잘 이해하고 교사로서 성장하는 계기가 되었다고 이야기한다.

그리고 이 교사는 수업에서 언어생활의 실태를 조사하는 방식을 제안하고 학생 두 명이 나와서 회의를 진행하는 과정에서, 미처 생각하지 못한 영역으로 학습을 확장했다. 교사가 제시한 언어생활의 점검 기준에 대해 학생들이 적절하지 않은 방식이라는 지적을 한 것이다.

또 다른 학생이 교사가 처음 제시한 80퍼센트 이상, 50~80퍼센트, 50퍼센트 이하의 세 단계의 기준에 대해 문제를 제기한다. 왜냐하면 이렇게 조사를 하면 반별, 학년의 평균을 내기 어렵기 때문이라고 이야기한다. 교사는 자신이 제시한 방법이 평균을 내지는 못한다는 것을 인정하고 다른 방법을 찾아보자고 한다. 한 학생이 10퍼센트 단위로 0에서 100퍼센트까지 문항을 제시하고 선택하도록 하자는 의견을 냈다. 1블록 수업이 끝난다. 다음 시간에 구체적으로 평균을 낼 수 있는 조사 방법에 대해서 논의하기로 하고 1블록 수업을 마친다.

(바람초등학교 수업 관찰 일지 중)

또 다른 사례로, 이상식 교사가 '나쁜인 말'에 관한 이야기를 하다가 '생일 파티'의 준말인 '생파'라는 단어를 사용하자, 학생들은 그 말이 '나쁜인 말'의 예가 아니냐고 질문한다. 교사는 생파라는 단어는 모두가 쓰는 말이기 때문에 준말이기는 해도 '나쁜인 말'은 아니라고 이야기했지만, 한 학생은 모두에게 확인한 것이 아니므로 그렇지 않을 가능성이 있다고 말했다. 이 과정에서 교사와 학생들은 듣기, 즉 경청을 바탕으로 각자의 경험적 경계를 확장하고 있었다.

그뿐만 아니라 이상식 교사는 의견 내기와 듣기, 성찰하기 등의 과정을 통해 관계 속에서 학습을 경험하는 바람초등학교 블록 수업으로 학생들이 논리적으로 말하기를 학습한다고 여긴다. 바람초등학교 블록 수업에서 이루어지는 관계 속에서의 학습은 자유로운 대화를 바탕으로 한 상호작용을 기반으로 하기 때문이다.

바람초등학교 블록 수업에서 이상식 교사는 국어와 사회 교과에서 공통적으로 학습한 내용을 바탕으로 한 실천을 제안했다. 국어 수업에서는 바람초등학교 6학년 학생들의 언어 습관에 대한 문제를 발견하게 하고 바른 언어생활 실천을 할 수 있도록 했다. 이 실천을 위한 회의는 교사가 아니라 실천의 당사자인 학생들이 직접 진행했다.

두 명의 학생이 앞으로 나와서 회의를 진행한다. 사회자가 어떻게 하면 좋을지 의견을 내 보자고 한다. '정확한 상태를 파악하기 위해서 조사가 필요하다', '신문 혹은 포스터를 만들어서 붙이자', '조사 결과가 80퍼센트가 넘으면 캠페인을 하자', '캠페인은 다른 학년도 참여할 수 있어서 좋다', '조사 결과 50퍼센트 이상이면 캠페인을 하자' 등의 의견이 나왔다. (중략) 각각의 의견에 대해 찬성 여부를 물은 결과, '조사를 하고 신문이나 포스터를 만들자'고 결정되었다. 이후 조사를 어떻게 할까에 대한 이야기를 나누었다. 교사는 중간 중간 사회자를 돕는 역할을 하기도 하고 구성원의 일원으로서 자신의 의견을 이야기하기도 했다.

(바람초등학교 수업 관찰 일지 중)

회의에서는 학생들의 언어 습관을 조사하여 그 결과를 바탕으로 신문이나 포스터를 만들어 보자는 것으로 의견이 모였다. 이 과정에서 교사는 한 명의 구성원으로 참여하며 실천 방식이나 내용을 결정하기보다는 학생들이 의견을 나누고 결정하는 것을 지켜보거나 도왔다.

사회 시간에는 전쟁의 역사에 관한 수업을 한 후 교사의 제안으로 학교 안에 있는 '위안부' 소녀상을 방문했다. 이후 교사는 소녀에게 하고 싶은 말을 적어 붙일 수 있게 했다. 학생들은 이를 통해 교사의 설명으로 들었던 '위안부'의 존재와 의미를 소녀상과 평화비를 직접 보고 만져 봄으로써 경험하고, 배움을 실제 생활과 현실까지 연결하는 기회를 가졌다.

바람초등학교의 국어와 사회 수업 모두, 교실에서 배운 것을 실제 생활이나 삶과 연결하게 함으로써 학생들의 배움을 지식적인 측면에 머물게 하지 않고 삶과 세상에 개입하고 실천할 수 기회를 제공했다. 이는 학생들의 배움이 삶의 주도성으로 연결될 수 있는 길이다.

주도면밀하게 기획된 관계의 그물망 속에서

가을초등학교의 춤 수업과 바람초등학교의 블록 수업은 공통적으로 관계를 통해 만들어지는 배움의 경험을 보여 준다. 춤 수업에서 실력·재능·기질이 다른 학생들이 모둠 활동을 매개로 관계를 맺고, 그 과정에서 학생들은 갈등을 해결하고 의견 차이를 좁히는 법과 의사 결정을 배운다. 정우현 교사는 춤 수업과 모둠 활동에 임하는 태도, 다른 사람과의 화해와 조정을 중요한 배움의 내용으로 보았기 때문에 학생들을 격려하고 칭찬하는 방향으로 상호작용을 했다. 학생들은 교사의 이러한 태도와 자세를 통해서도 관계와 상호작용을 배운다.

바람초등학교의 블록 수업 또한 학생들이 관계 속에서 배우는 경험을 보여 준다. 이 수업에서의 관계는 논리적으로 의견을 이야기하고 다른 사람의 이야기를 경청함으로써 형성된다. 이 학교 학생들이 경험하는 의견 내기-들어주기-성찰하기의 과정은 혼자만의 학습으로는 불가능하다. 동시에 학생들은 교사와 학생이 자유롭게 의견을 주고받을 수 있다고 생각하는 이상식 교사와의 상호작용을 통해서도 학습을 경험한다. 학생들은 교사의 생각에 대한 각자의 의견을 제기할 수 있고 이것이 수업에서 공식적으로

다루어지며, 이를 통해 전체 의사 결정 내용이 조정되는 과
정을 경험하면서 민주적인 의사소통과 결정을 배운다.

두 학교의 수업 모두 학생들의 참여를 중요시하면서도
교사의 주도면밀한 기획과 교수 활동에 의하여 이루어졌
다. 정우현 교사는 학생들이 춤을 즐거운 것으로 느끼고
스스로 배우도록 하기 위해 동영상을 업로드하고 학생들
이 이를 직접 활용할 수 있게 했다. 이질적인 학생들 간 의
견 조정과 의사 결정 과정 또한 배움의 중요한 내용으로 보
았기 때문에 모둠을 구성할 때 이질성을 제거하지 않는 방
식을 선택했다. 그리고 이 교사는 수업 진행 과정에서 끊임
없이 학생들의 활동을 점검했으며 순간순간 구체적이고 상
세한 피드백을 주었다. 가을초등학교의 춤 수업에서는 5학
년을 담당한 세 명의 교사 간 협력과 상호작용이 만들어 낸
배움의 환경을 확인할 수 있으며, 이를 통해 학생이 참여하
고 주도하여 배우는 수업에서 교사의 역할이 무엇인지 알
수 있다. 바람초등학교의 이상식 교사는 학생들이 다른 학
생 간의 관계를 통해 배울 수 있도록 수업의 내용과 방식을
조정하고, 교실 수업에서 배운 것을 실천으로 연결할 계기
도 미리 준비하여 제공했다.

경기꿈의학교: 맹지바당

경기꿈의학교는 학생이 주체적으로 자신의 꿈을 탐색할 수 있도록 공교육을 학교 밖으로 확장해 마을과 연계한 교육 활동으로 기존의 교육에서는 볼 수 없었던 새로운 시도, 새로운 형태의 교육 활동이다. 또한 학생들이 주체가 되어 자신의 꿈을 찾고 도전해 볼 기회를 제공한다는 특징이 있다(이지영·장희선·김호현, 2018:13). 경기꿈의학교는 크게 '학생이 만들어가는 꿈의학교'와 '학생이 찾아가는 꿈의학교'로 나뉜다. 이 중 '학생이 만들어가는 꿈의학교'는 경기도 내 학교 안팎의 학생들이 스스로 꿈의학교를 만들어 운영하는 학교 밖 교육 활동으로, 학생이 주인공이다. 학생들은 학교 운영의 목표·교육과정·학생 모집 등을 스스로 기획하며, 꿈의학교로 선정되면 활동비를 지원받는다. 또한 학생이 만들어가는 꿈의학교로 선정되면 운영을 이끌어 갈 '꿈짱학생'을 정하고 '꿈지기 교사'를 섭외해야 한다. 꿈지기 교사는 학교 선생님, 마을 어른, 부모님, 대학생 등 학생들의 활동을 지원해 주는 역할을 담당하며 학생들이 학교를 잘 운영할 수 있도록 곁에서 지켜보고 행정적인 도움을 주는 역할을 한다.

경기꿈의학교는 1년에 30시간 이상 운영해야 하며 방과 후, 주말, 공휴일과 방학에 운영할 수 있다. 방과 후에만 운영, 주말에만 운영, 방학에만 운영하는 것도 가능하다. 참여자는 24시간 이상 출석해야 수료를 인정받으며 수료 여부는 학교생활기록부 창의적 체험활동 영역 특기사항 란에 간략히 기록할 수 있다.

맹지바당은 2018년에 처음 만들어져 2년째 운영되고 있는 '학생이 만들어가는 꿈의학교'다. 2018년에 '문화재 탐방'을 주제로 하여 꿈의학교로 선정되었는데, 문화재 탐방을 주제로 정한 주요 이유는 세월호 참사 이후 수학여행이 줄곧 취소되었던 탓에 그동안 여행을 할 기회가 거의 없었기 때문이었다고 한다. 꿈의학교로 선정된 2018년에는 500만 원을 지원받아 학생들이 경주·전주·여주를 탐방했으며, 2019년에는 300만 원을 지원받아 맹지바당의 공주를 탐방했다. 문화재 탐방은 두세 차례의 사전 회의, 탐방, 탐방 후 회계 정산 및 보고서 작성 등의 과정으로 이루어졌다.

2018년에는 약 20명의 초등학생과 중학생이 맹지바당에 참여했으며 2019년에는 초등학교 6학년, 중학교 1~2학년, 고등학교 1학년 15명 정도가 참여했다. 이 중 고등학생들은 맹지바당이 만들어질 당시 같은 중학교에 다녔던 학생들로, 교내 과학 발명 동아리에서 함께 활동하며 맹지바당을 만드는 데 주도적인 역할을 했다. 맹지바당에 참여하는 중학생과 초등학생 중에는 고등학생의 동생과 사촌이 포함되어 있었는데, 이처럼 맹지바당의 구성원들은 출신 중학교가 위치한 지역 사회를 거점으로 어릴 적부터 서로 가깝게 알고 지내는 관계인 경우가 많았다.

언제, 어디서, 누구에게든

맹지바당에서 이루어지는 배움은 우선 학습의 시공간 및 형식의 확장을 특징으로 한다. 특히 학습의 목표와 내용을 학생들이 함께 협의해서 정하고, 모든 학생이 주체가 되어 모임을 운영한다. 이는 국가 및 학교가 정한 교육과정을 수동적으로 따라가는 형태의 공부와는 성격이 다르다.

집에서 앉아서 책상에서 공부를 떠나서, 정규 수업 공부를 떠나는 거예요. 그리고 거기에서 확장될 수도 있고 거기서 별개가 될 수도 있는데. 이런 거를 뭐라고 정리를 못 하겠는데….

(맹지바당학교 학생 배상헌)

시간, 공간, 형식의 확장 속에서 이루어지는 배움은 그만큼 학습자들의 더 많은 준비와 적극적인 참여를 필요로 한다. 맹지바당의 구성원들에게도 문화재 탐방을 준비하는 것은 탐방할 구체적 장소와 체험할 활동, 이동 경로, 교통편, 숙소와 식사, 소요 경비 등 사전에 여러 가지 사항들을 확인하고 다양한 변수들을 고려해야 한다는 점에서 복잡하고 힘든 과정이다. 이러한 과정은 문화재 탐방의 내용과 질을 좌우하는 중요한 부분인데, 학생들은 탐방 시 이를 몸으로 실감하며 사전 준비의 필요성과 중요성에 공감하게 된다.

준비하는 과정은 복잡하고 힘든데, 이것저것 고려를 해야 하니까. 친구들도 하다가도 "아, 대충 하지" 이런 애들이 있는데, 막상 여행을 가면 맞춰서 재미있게 체험하고 놀고 여러 가지 배워 오고 하니까.

(맹지바당학교 학생 최민주)

학생들은 자신이 탐방하고 싶은 구체적 장소에 대한 기본 정보부터 관람 가능한 전시, 직접 참여할 수 있는 활동 등에 대해 각자 사전 조사를 한 후 발표를 통해 다른 학생들과 공유하는 시간을 가졌다. 학생들은 이 과정에 책임감을 갖고 참여했는데, 자신이 직접 조사해서 소개한 장소가 실제 탐방 장소로 채택될 수 있고, 자신이 얼마나 유용한 정보를 정확하게 조사했는지가 자신은 물론 다른 학생들의 경험과 배움에 중요한 영향을 미칠 수 있기 때문이다.

> 지금까지는 그냥 학교에서 하라는 대로 하고 그랬는데 꿈의학교 같은 경우에는 제가 낸 의견에 따라서 여행 일정이 달라질 수도 있고 가는 장소가 달라질 수도 있고 그러잖아요. 그러면서 의견을 많이 내면서 제 생각을 많이 말하고 그런 게 굉장히 중요하다고 느꼈어요.
>
> (맹지바당학교 학생 김희상)

차이의 존중

맹지바당에서 이루어지는 배움의 또 다른 특징은 학생들 간의 차이가 고려되고 존중된다는 것이다. 문화재 탐방이라는 목적을 공유하는 학생들이 모인 만큼 각자의 속도에 따라 충분한 시간을 갖고 각자가 궁금한 것에 답을 찾아가는 과정을 중요하게 여겼다.

각자의 스타일대로, 설명문을 읽어 보고 싶은 애들은
읽고, 안 읽고 싶은 애들은 안 읽고 유물 보고 각자 자
기 스타일대로 체험하게 되니까 충분히 체험을 다 할
수 있죠.

(맹지바당학교 학생 배상헌)

맹지바당의 구성원들은 대부분 같은 동네, 같은 학교를
기반으로 한 경험과 지난 세 차례의 탐방을 통한 배움을 공
유하면서 점차 서로에 대한 신뢰를 쌓아 나갔다. 그리고
이러한 조건은 자신의 의견을 표현하고 다른 사람의 의견
에 열려 있는 자세를 갖는 데 큰 영향을 미쳤다.

맹지바당에서는 서로의 판단력과 조절 능력에 대한 신
뢰가 있는 만큼 누구의 의견이든 경청되었다. 설사 자신의
의견이 채택되지 않는다 하더라도 누구나 자유롭게 의견
을 말할 수 있는 경험, 자신의 의견이 의미 있게 받아들여지
는 경험, 더 나아가 자신의 의견이 곧 탐방의 내용을 구성하
는 경험을 통해 학생들은 자신이 존중받고 있다고 느꼈다.

다른 사람들이 너무 쓸데없는 의견을 내는 것도 아니
고 만약 낸다고 해도 알아서 판단해서 조절하거나 절

제하기도 하고, 만약에 의견을 냈으면 거기에 대한 충분한 말을 안 섞어도 생각을 하게 되니까 존중받는다고 생각해요.

(맹지바당학교 학생 배상헌)

맹지바당이라는 학습 공동체에서 존중받은 경험은 다른 학생에 대한 존중으로 이어졌다. 어떤 학생이 낸 의견으로 구성원들 전체가 고생을 하게 되거나 탐방 일정에 차질이 생기는 일이 발생하더라도 그 학생을 탓하기보다 오히려 그 학생이 위축되거나 자책하지 않도록 살피는 분위기가 형성되는 것을 통해서도 이를 짐작할 수 있다.

김희상: 편한 분위기다 보니까 실수를 해도 애들이 많이 위로해 주고.
연구자: 괜찮다고?
김희상: 네. (그래서) 많이 의견을 내게 된 것 같아요.

(맹지바당학교 학생 김희상)

또한 회의 과정에서 나온 이야기 중 모르는 것이 있을 때는 주변 사람들에게 편안하게 묻고 질문하며, 모른다는 것을 놀림거리로 삼는 일 없이 서로 알려 주고 설명해 주는 문화가 형성되어 있었다.

> 문화재 탐방 마지막 날 퇴실이 11시라 그때부터 차를 탈 때까지 시간이 뜨는 문제에 대해 학생들이 한참 상의를 했는데, 이때 '퇴실'이라는 말이 나오자 한 중학생이 "퇴실이 뭐야?"라고 물었고, 옆에 앉은 고등학생이 "나가는 거"라고 알려 주는 모습도 발견할 수 있었다.
>
> (맹지바당학교 수업 관찰 일지 중)

맹지바당에서 포착되는 또 다른 특징은 교사가 학생들과 늘 함께하면서도 후경으로 물러나 있다는 점이다. 문화재 탐방의 준비, 탐방의 과정, 탐방의 결과 정리 및 보고서 작성 등에서 교사의 개입은 최소화된 모습이었다. 교사는 학생들과 같은 공간에 있으면서도 학생들의 이야기를 듣고 의사 결정 과정을 지켜볼 뿐 거의 개입하지 않았으며 학생들의 요청이 있을 때만 전경에 등장했다. 그런 만큼 문화재 탐방의 시작부터 마무리까지 전 과정을 주도하는 주체는 학생들이었다. 학교나 교사가 결정한 후 통보하면 학생들이 이를 따르는 방식과는 많이 다른 모습이었다.

저희가 늘 그래요. 여행을 가서도 밥 먹는 것도 저희가 찾고, 예약도 저희가 하고. 가는 것도 저희가 여기 가자, 여기 이렇게 가면 되겠다, 길 같은 것도 저희가 찾고. 선생님한테 말하면 "그래 너희들 알아서 해라." 이렇게 그냥 따라 오시거든요. 어떨 때는 "갔다 와" 할 때도 있고. 그런 점에서 저희가 다 하고 선생님의 간섭이 없으니까 저희가 다 꾸려 가고 실천하고, 망할 땐 다 같이 망하고, 잘할 땐 다 같이 잘되고.

(맹지바당학교 학생 최민주)

학생들은 맹지바당을 통한 배움의 과정에서 교사의 개입이 최소화되는 것을 긍정적으로 해석했다. 이는 기존 학교교육에서 교사의 개입이 시기적으로나 내용적으로 적절하지 않은, 즉 학생들의 입장에서 도움이 되지 않았던 경험을 해 왔기 때문으로 보인다.

느낌의 중시
학생들은 학교 교과 수업 시간에 글이나 그림을 통해서만 평면적으로 접했던 지식을 문화재 탐방을 통해 실제로 보고 입체적으로 느끼며 자신이 갖고 있던 지식을 낯설고 새롭게 재구성해 갔다. 힘을 들여 직접 발로 찾아간 곳에서 역사와 관련된 인물을 만나기도 하고 문화재 실물의 입체성과 규모를 직접 접하며 교과서에 선별되어 실려 있는 역사보다 더 확장되고 다양한 지식을 얻기도 했다.

> 웅진백제가 굉장히 짧게, 60년밖에 지속이 안 되었다고 교과서에 실려 있었어요. 아는 게 무령왕릉밖에 없었는데 경주역사박물관에 가 보니까 무령왕릉 외에도 웅진백제 시기에 발전했던 예술하고 무덤 같은 게 나와 있어가지고 더 다양한 지식을 얻을 수 있었어요.
>
> (맹지바당학교 학생 홍기철)

학생들은 자신이 발로 찾아가 어렵게 만나고 발견한 지식과 교과서로 접했던 지식에 어떤 차이가 있는지 설명하면서 지식을 얻었다기보다 '느낀' 것이 많았다고 표현했다.

> 얻었다기보다는 느낀 게 많았는데 무령왕릉이 생각한 거보다 엄청 커가지고 교과서보다는 역시 실물이 좋은 거 같아요.
>
> (맹지바당학교 학생 박민호)

지식의 객관성을 중요시하는 학교에서 통상 학생들의 느낌은 중요하게 여겨지지 않는다. 느낌은 주관적인 것이기 때문에 평가의 대상으로 부적합하며 평가의 대상이 될 수 없는 지식은 교육과정에서 배제된다. 이런 문화와 질서에 익숙했던 학생들에게 문화재 탐방 경험은 지식을 인지나 소유의 개념으로 접근하는 것이 아니라 자신이 본 것이 자신의 몸을 통과해서 어떤 느낌으로 다가왔는지에 주목하는 계기가 되었다.

또한 학생들은 여러 시행착오에도 불구하고 그 시행착오 덕분에 이전의 자신들, 이전의 탐방들과 비교해서 조금씩 나아지고 있다는 것에 큰 의미를 부여했다.

> 작년에 모였을 때는 좀 구체적이지 않았어가지고 여행 가고 나서야 깨달은 게 좀 많았는데, 처음 도착하고 짐을 어디 두고 돌아다닐지, 짐을 들고 돌아다닐지, 식당 같은 곳을 어떻게 정해야 하는지 잘 몰라가지고 처음에는 많이 시간도 허비되고 그랬는데, 여행도 두세 번 갔다 오면서 좀 구체적으로 뭘 정해야하는지 알게 되고….
>
> (맹지바당학교 학생 김희상)

꿈지기 교사 역시 한정된 예산을 경제적으로 사용할 줄
아는 능력 등에서 학생들이 이전보다 조금씩 성장해 가고
있다고 보았다. 학생들은 한정된 예산을 어떻게 사용할지
에 함께 고민하며 자신들의 욕구와 현실적 여건 사이에서
절충점을 찾아 나갔으며 대안적 선택지로 무엇이 있을지
를 고민하며 새로운 선택지를 만들어 나갔다.

> 그렇게 무턱대고 먹다가 나중에 한번 된통 당했죠. 결
> 국엔 넘게 되더라고요, 먹는 걸로. 그래서 올해는 애들
> 이 그런 것도 생각하고 회계, 돈 쓰는 것, 다 생각해서
> 계획을 짜더라고요.
>
> (맹지바당학교 꿈지기 교사 고상현)

비예측성
학생들은 탐방의 어떤 부분은 사전에 준비하기 어렵고 탐
방 과정에서 그때그때 상황을 보며 결정해야 하는 것이 있
음을 배워 나갔다. 물론 만약 어떤 상황이라면 어떻게 하
는 것이 좋을지 가정해보고 몇 가지 선택지를 마련해 가기
도 한다. 그러면서도 실제 탐방 상황은 예측과 다를 수 있
음을 염두에 두며 여러 가능성들을 열어 놓았다. 실제로

학생들은 예측하지 못한 여러 변수들을 경험한다.

> 박민호: 2박 3일 동안 갔잖아요. 3일 내내 거의 비가…
> 장마철이어가지고 거의 3일 내내 내렸거든요.
> 근데 또 날씨는 더워서 찝찝하고 덥고 불쾌지
> 수가 되게 높았어가지고 비 때문에 못한 탐방
> 도 많고 해서 되게 아쉬운 건 많았는데….
> 홍기철: 무령왕릉 자체는 출입이 불가능하고 모형 같
> 은 게 있는데 거기도 1일 뒤에 딱 끝나서.
>
> (맹지바당학교 학생들)

예상치 못했던 변수들로 인해 학생들이 아쉬움만 느끼는 것은 아니다. 사전에 계획했던 활동 대신 그 상황에서 가능한 활동들을 찾아서 했던 경험이 탐방에서 가장 좋았던 시간으로 기억되기도 했다.

아울러 학생들은 탐방을 거듭함에 따라 구체적 지식의 필요성과 의미를 체감해 갔다. 탐방 경험이 쌓이기 전, 학생들에게 구체적 지식은 사소한 것이자 부차적인 것으로 여겨졌다. 학교에서는 주로 개념적 · 이론적 지식과 숫자나 기호로 이루어진 추상적 지식을 요구받아 왔기 때문이

다. 그러나 학생들은 탐방 경험을 통해 구체적 지식의 중
요성을 발견해 나갔다. 아울러 탐방에 필요한 구체적 지식
은 사전 준비를 통해서뿐만 아니라 이전의 탐방에서 마주
했던 비예측적 상황에서 느끼고 배운 것들을 통해서도 형
성되었다.

　지난번 여행 때 숙소랑 너무 멀리 떨어진 곳은 가기 불
　편했던 것을 언급하며 학생들이 조사해 온 11개 후보
　지 중 숙소와 너무 멀리 떨어진 곳은 제외할 필요가 있
　다고 설명했다.

(맹지바당학교 수업 관찰 일지 중)

　이처럼 탐방의 과정에서 마주하게 되는 문제와 어려움
은 구체적 지식을 형성해 준다는 점에서 앞으로의 탐방을
위한 유용하고 의미 있는 것으로 해석되었다.
　학생들은 탐방의 전 과정에서 왜 여럿이 힘을 모아야
하는지, 당위적·규범적으로만 여겨지던 협업과 협력이
실제로 왜 필요하며 어떤 의미가 있는지 구체적으로 느껴
갔다.

권호수: 다 같이 조사하고 같이 발표하니까 빨리빨리
　　　　돼서 협동심, 원래부터 학교에서도 배우는 것
　　　　이지만 그걸 더 중요하게 느꼈어요.
권상우: 배운 것을 다 발표했잖아요. 그때 자기가 몰랐
　　　　던 것을 거기서 알게 되어서 괜찮았어요.

　　　　　　　　　　　　　　　　　(맹지바당학교 학생들)

'이걸 안 하면 많은 사람들이 힘들어진다' 이런 것들도
배우게 되고, 청소하는 것도 다 같이 해야 빨리 쉬지,
혼자 다 하고 있으면… 그런 것들.

　　　　　　　　　　　　(맹지바당학교 꿈지기 교사 고상현)

　　맹지바당 운영 초기에는 소수의 학생들이 모임을 주도
해 나간 경향이 있었다. 그러나 몇 차례의 탐방을 함께하
면서 점차 더 많은 학생들이 자기 목소리를 내고 다양한 의
견을 내게 되었다. 학생들은 의견 표현에 소극적이었던 친
구들이 점차 자기 의견을 내는 것을 탐방을 통한 의미 있는
변화로 인식했다.

　　작년에는 약간 몇 명의 친구들이 주도해 나가는 느낌

이 강했는데, 올해는 친구들이 조사도 많이 해 오고 아
까 보셨을 것 같은데 여러 가지 의견도 많이 나오고 "여
기 가자, 여기 가자", "이거 체험하면 좋겠다" 이런 이야
기가 많이 나왔었잖아요.

(맹지바당학교 학생 최민주)

맹지바당의 꿈짱 최민주는 학교에서 이루어지는 모둠
활동에서 줄곧 주도하는 역할을 맡아 왔다. 물론 맹지바당
에서도 꿈짱으로서 회의를 진행하고 정보를 검색하며 탐
방 일정과 교통편 등을 정하는 과정에서 중심적인 역할을
담당하고 있었다. 그러나 최민주는 맹지바당에서 이루어
지는 의사 결정의 과정이 학교에서와는 다르다고 보았다.

최민주: 모둠 활동을 해도 운이 없는 건지 이게 걸리면
약간 저 말고 다른 애들이 참여를 많이 안 하는
친구들이 걸린 적이 많아서… (중략) 제가 하
고 "어때?"라고 하는 식이 많았었는데, 여기서
는 애들이 다 참여하니까 그런 스타일로 하기
보다는 애들이 의논을 하고 수용을 하고 다 같
이 만들어 가는 그런 활동을 할 수 있어요.

연구자: 학교에서는 그럼 경험이 없었구나.

최민주: 학교에서는 많이 없었죠.

(맹지바당학교 학생 최민주)

이처럼 학생들은 맹지바당을 통해 "다 같이 만들어 가는" 활동이 단지 이상적으로만 존재하는 것이 아니라 실제로 가능하다는 것을 경험한다. 또한 함께 지혜를 모으고 협력하는 것이 왜 필요한지도 느껴 갔다. 구성원들이 적극적으로 의견을 내지 않으면 운영 자체가 불가능한 구조인데다 자신의 의견이 의미 있게 받아들여지고 탐방의 내용과 질에도 중요한 영향을 미친다는 것을 경험했기 때문이다.

더 나아가 학생들은 맹지바당에서 경험하고 배운 것을 토대로 학교교육을 비판적으로 분석하기도 하고 학교가 어떻게 바뀌어야 하는지 구체적 의견을 갖게 되기도 했다.

너무 수동적으로만 공부하는 것 같아가지고. 지금은 그냥 좀 학교 마음대로잖아요. 교칙 같은 것도 학교가 정한 대로 하고 학생들도 그것을 따라서 행동하고. 수업 같은 것도 선생님이 그냥 하시고 하는데, 학생들이 직접 교칙을 만들고 그러면 학교에 대한 불만이 좀 줄

어들지 않을까? 그런 생각이 들었어요.

(맹지바당학교 학생 권상우)

이처럼 학생들은 자신이 참여하는 공동체의 운영에 자기 목소리를 내고 학교교육이 갖는 문제점을 통찰적 · 비판적으로 볼 수 있는 안목을 형성해 갔다.

각자의 속도로 다양하게

맹지바당의 구성원들은 태어나고 자란 지역 사회를 중심으로 어릴 적부터 서로 가깝게 알고 지내는 관계인 경우가 많았다. 그런데다 몇 차례의 탐방을 통해 경험과 배움을 공유하면서 점차 서로에 대한 신뢰를 쌓아 나갔다. 그 때문인지 서로에 대한 기본적인 믿음을 바탕으로 다양한 나이의 학생들이 어우러져 모르는 것을 자유롭게 묻고 알려주며 서로에게 배우는 문화가 형성되어 있었다.

한편, 맹지바당의 모든 구성원들에게 발언의 기회가 동등하게 열려 있다 하더라도 실제로는 나이(학교급 및 학년)나 역할, 탐방 경험 등에 따라 의사 결정을 좀 더 주도하고 좀 더 큰 목소리를 내는 학생들이 있었다. 또한 평소 자기 의견을 표현하거나 무언가를 선택하는 데 어려움을 겪는 학생들도 있었다. 그런 학생들의 경우 탐방을 기획하고 준비하는 과정에서 적극적으로 의견을 내기보다는 조금 뒤편에서 주로 다른 학생들의 의견을 듣고 다른 학생들이 어떻게 하는지 관찰하는 모습을 보였다. 이런 모습은 일견 소극적이거나 수동적으로 보일 수 있으나, 학생들의 해석은 달랐다. 다른 학생들의 이야기를 듣고 다른 학생들을 보면서 배우는 것이 자신에게는 다름 아닌 '참여'이며 그런 시간과 과정이 조금은 느리지만 중요한 변화를 만들어 내는 동력이 된다고 느꼈다. 맹지바당을 통해 천천히, 그리고 조금씩 변화한 학생들의 몸은 다른 삶의 장에서 그 존재를 드러냈다. 지금의 학교가 어떤 점에서 문제적이며 어떤 변화를 필요로 하는지 등에 대한 자기 의견을 표현하기도 했다.

이처럼 학생들은 자기 나름의 다양한 형태로 배움에 참여하고 있었다. 이를 통해 학생들이 어떤 모습일 때 비로소 배움이 일어난다든지, 성공적인 배움은 어떤 형태로 나타난다든지 하는 규정이나 믿음은 의심하고 질문을 던져야 하는 대상이라는 것을 알 수 있다. 또한 이와 같은 믿음을 절대시할 때 자기 나름의 맥락 속에서 다양한 형태로 배움에 참여하고 있는 존재들을 삭제하고 비가시화할 수 있다는 것 또한 발견하게 된다.

성미산학교: 포스트중등과정[12)

성미산학교는 서울시 마포구 성산동 성미산마을에 위치한 12년제 비인가 대안학교다. 성미산마을은 공동 육아에서 시작됐다. 1994년 한국에서 최초로 협동조합형 어린이집인 '공동육아협동조합 우리 어린이집'을 만든 것이 마을의 시초라 할 수 있다. 1995년에는 두 번째 어린이집인 '날으는 어린이집', 1997년에는 '도토리 방과후 어린이집', 1999년에는 '풀잎새 방과후 어린이집'이 만들어졌다. 2000년에는 이렇게 네 개의 협동조합형 어린이집 출신들을 중심으로 '마포두레생협' 조직이 추진됐다. 어린이집 차원을 넘어서서 함께 새로운 조직을 구성한 것이다. 2001년 성미산 개발계획이 발표되자, 개발로 인한 환경 파괴를 우려한 주민들이 반대 활동을 전개하기 시작했다. 그 반대 활동의 중심에는 '마포두레생협'이 있었다. 이러한 활동들이 외부에 알려지며 사람들이 성미산을 지키는 주민들을 '성미산지킴이'로 부르기 시작했고, 이들이 사는 마을을 자연스럽게

---

12) 이 절은 김경미의 박사학위 논문 "마을학교의 교육적 의미에 관한 질적연구(가제)" 수집 자료를 바탕으로 작성됐다.

'성미산마을'로 부르기 시작했다.

2003년, 마을 사람들의 노력 끝에 드디어 성미산 개발 사업은 중단되었고, 그 이후 성미산마을에는 다양한 커뮤니티 활동이 활성화되었다. 2002년에는 최초의 마을 기업인 유기농 반찬 가게 '동네부엌' 설립이 추진되었고, 2004년에는 카센터인 '차병원협동조합'이 만들어졌다. 마포두레 생협은 '우리마을꿈터'라는 지역 교육 공간도 만들었다. 비슷한 시기인 2004년 9월에 12년제 비인가 대안학교인 성미산학교가 개교했다.

이처럼 성미산 지키기 운동에 나섰던 주민들은 지역 내의 관계망을 바탕으로 마을공동체에 기반한 학교 설립을 추진했고, 2004년 9월에 12년제 비인가 대안학교인 성미산학교가 개교했다. 성미산학교는 개교 당시 초등과정 5년, 중등과정 5년, 중등후기과정 2년의 5-5-2 학제를 채택했다가, 다시 기존의 초등과정 6년, 중등과정 6년 학제를 운영해 왔다. 그러다 2016년부터 다시 5-5-2 학제를 운영하기 시작했다. 5-5-2 학제는 초등과정 5년, 중등과정 5년, 포스트중등과정 2년으로 각각은 일반 학교의 초등 1~5학년, 초등 6~고등 1학년, 고등 2~3학년과 같다.

성미산학교에서 가장 중요한 교육 활동은 '프로젝트' 수업이다. 일반 학교에서 학년별로 진행되는 수업과 달리 성미산학교의 프로젝트 수업에서는 학생들을 학년별로 구분하지 않고, 다양한 연령의 학생들이 함께 수업을 진행한다. 특히 포스트중등과정 학생들은 지금까지 배워 온 것들을 기반으로 자신이 관심 있는 분야를 선택해 직접 프로젝트를 기획하고 진행한다. 이 절에서는 성미산학교 포스트중등과정의 프로젝트 활동을 통해 스스로 배움을 만들어 가는 학생들의 모습을 살펴보고자 한다.

스스로 배움을 꾸리는 교육과정

2019년도 성미산학교의 포스트중등과정은 진로 탐구, 다양한 주체들과 만나 소통하고 협업하는 공동 프로젝트, 자치적인 학교 문화와 자율적인 학습 문화 만들기라는 세 가지 중점 과제를 중심으로 운영되었다. 그중 진로 탐구 과정은 각자의 관심사에서 출발하여 동료를 만들어 일을 확장하는 필드워크, 다양한 지적 탐구를 위한 세미나, 비슷한 고민을 가진 다양한 사람들과 만나 이야기 나누는 지인지기 프로젝트 등으로 이루어졌다. 포스트중등과정 학생들은 독립적인 학생회를 운영하며, 학교의 구성원으로서 학교 운영 과정에 주체적으로 참여한다. 이러한 과정을 통해 학생들은 동료 및 교사들과 함께 성장하는 배움의 공동체를 만들고자 한다.

공동 프로젝트

포스트중등과정에서는 학년별 공동 프로젝트를 진행한다. 2019년에는 11학년이 일본군 '위안부'와 동아시아 평화를 주제로 공동 프로젝트를 진행했다. 학생들은 중국, 러시아, 북한뿐만 아니라 미국과 일본 등과의 대외 관계 속에서 영향을 받는 우리나라의 역사와 더불어 일본과의 역사적 관계를 학습했다. 특히 '위안부' 문제 등을 통해 우리 역사 속 고통받고 소외된 사람들의 아픔을 함께 공부하며 동아시아의 평화를 위한 방법을 모색하고 이를 실천하기 위한 활동을 기획했다.

12학년은 기후 위기를 주제로 공동 프로젝트를 진행했다. 2019년 9월 23일 뉴욕에서 열린 유엔 기후행동 정상회의는 기후 위기에 대한 목소리를 담기 위해 전 세계적으로 9월 21일에서 27일까지 한 주를 기후 위기 주간으로 정하고, 기후 위기를 해결하고자 '기후 파업(Climate Strike)'을 선언했다. 이 기간 동안 포스트중등과정 12학년 학생들은 기후 변화의 심각성을 알리고 정부의 대응을 촉구하는 집회에 참석하기 위해 중등과정 친구들과 함께 피켓을 만들고 퍼포먼스를 기획하는 등 적극적으로 공동 프로젝트를 진행했다.

공동 프로젝트는 주로 교사가 먼저 제안하는 방식으로 진행된다. 2017년에 포스트중등과정 학생들은 '작은 나무 옮겨심기'라는 이름의 공동 프로젝트를 진행했다. 마을 사람들이 삼삼오오 합심하여 만들어 사랑방 역할을 했던 '작은 나무'라는 이름의 카페가 젠트리피케이션으로 결국 문을 닫아야 했을 때, 포스트중등과정 학생들이 그와 비슷한 공간을 만드는 프로젝트를 진행한 것이다. 이처럼 '작은 나무 옮겨심기'라는 공동 프로젝트는 마을의 문제를 마을만의 문제로 보지 않고 성미산학교 구성원들이 함께 고민하고 해결하는 방식으로 진행되었다. 기후 위기라는 주제의 공동 프로젝트 역시 공동체가 요청하는 문제에 응답하고자 한 것이었다.

필드워크

필드워크는 학교와 마을을 기반으로 사회, 경제 활동을 경험해 보는 과정이다. 학생들은 필드워크를 통해 다양한 공간에서 실제 일을 해 보며 필요한 기술들을 배우고, 동료들과 함께 삶을 나누며 관계를 맺는다. 개별 관심사에서 출발하여 이를 동료들과 함께 할 수 있는 일로 만들어 보고, 협력 관계를 맺는 그룹들과 새로운 일들을 구상한다. 필드워크는 스스로 선택한 자기 진로를 주체적으로 준비하는 활동이다. 그러다 보니 필드워크를 정할 때 학생들은 주도적으로 자신의 진로와 연결해 활동할 수 있는 곳을 찾는다.

> 연구자: 혹시 필드워크 활동도 이야기해 줄 수 있어요? 십년후연구소[13]에 어떻게 가게 되었고, 거기서 어떤 활동을 하고 있는지?
> 서승혜: 십년후연구소에 가게된 것은 어떻게 보면 약간 원래는 특이한 케이스로 자기가 선택했다고 해야 할까? 자기가 만든 필드워크인 거예요. 원래는 선생님이 많이 연결해 주는데 저 같은 경우에는 제가 기후 상담 활동을 하면서 녹색당 기후 변화 공고모임에 초청을 받았다

---

13) 십년후연구소는 "10년 후에도 우리의 삶이 지속 가능하려면, 오늘의 우리는 무엇을 해야 할까?"라는 질문을 기반으로 기후 변화와 환경 문제에 관심이 많은 사람들이 모여 만든 연구소로, 10년 후에도 지속 가능한 삶과 관계성 회복을 고민하며 활동하고 있다.

해야 할까요? 청소년으로서 함께 와서 이야기 나눠 달라고 초청을 받아서 그 자리에 참석을 했는데 그 자리에 십년후연구소의 소장님이 계셨고 그렇게 알게 된 계기로 필드워크를 십년후연구소에서 진행하면 좋겠다고 이야기가 돼서 하게 되었어요.

(성미산학교 학생 서승혜)

포스트중등과정 11학년인 서승혜 학생은 주도적인 선택을 바탕으로 한 만남을 계기로 자신이 관심을 가지고 있는 '기후 변화'와 관련한 활동을 하는 '십년후연구소'에서 필드워크를 진행했다. 서승혜 학생은 필드워크로 십년후연구소에서 인턴십을 경험한 것뿐만 아니라 대학에서 기후 변화와 관련된 과목을 청강하기도 했다. 졸업생 중 대학에 다니는 선배를 통해 '기후 변화의 이해'라는 교양 수업을 알게 되었고, 교수님께 청강을 요청해 한 학기 동안 수업을 들은 것이다.

포스트중등과정 학생들은 학교 밖에서 배울 뿐만 아니라 배운 것을 직접 후배들에게 가르치기도 한다. 서승혜 학생은 성미산학교 학생 두 명과 함께 환경교육 팀을 만들어 1학기에 초등 3, 4, 5학년들을 대상으로 삶 속에 들어온 기후 재앙인 미세먼지와 폭염, 한파 등에 대한 수업을 진행했다. 더불어 초등학교 5학년 학생들에게는 쓰레기 문제와 관련해 수업을 진행했다.

이처럼 성미산학교는 학교 밖의 배움과 더불어 학교 안에서도 학생들이 자발적으로 그룹을 만들어 공부하고, 이를 학교의 후배들에게 나누는 활동까지 적극 지원하고 지지한다. 그렇기 때문에 학생들은 스스로 공부하려는 자발성을 발휘하게 되고, 그 과정에서 자신이 하고 싶은 것과 할 수 있는 것들을 적극적으로 찾는다.

세미나

세미나는 각자의 관심사 중 공통되는 주제를 정해 모둠별로 자율적으로 공부하고 토론하는 시간이다. 관심사에 따라 모둠별로 책을 선정해 함께 읽고 내용 정리와 발제, 토론을 진행한다. 세미나의 경우, 필드워크와 마찬가지로 학기 초에 학생들이 한 자리에 모여 각자의 관심 주제를 소개하고, 함께 공부하고 싶은 친구들과 모여 진행하는 방식으로 운영된다.

연구자: 수업 개설이라 하면 학생들이 직접 수업을 개설할 수 있는 거예요?

서승혜: 네, 맞아요. 친구들이 "너 어떤 거 하고 싶어?" 하고 딱 물어요. 그럼 "나는 이번에 기후 변화에 관련해서 세미나를 진행하고 싶어" 혹은 "나는 요가 세미나를 진행하고 싶어", "나는 천문학 세미나 진행하고 싶어" 이러면서 내가 하고 싶은 것들을 말해요. 그래서 "같이 할 사람?" 해서 같이 하고 싶은 사람들끼리 모아요. 그렇게 해서 팀원이 최소 세 명 정도거든요. 팀이 꾸려지면 한 학기 계획을 같이 세우고, 선생님들께 도움을 받기도 하고, 강의를 들으러 가기도 하고…. 100퍼센트 학생들이 주도해서 진행하거든요.

(성미산학교 학생 서승혜)

세미나는 포스트중등과정에만 진행되는 것은 아니다. 포스트중등과정 학생들은 중등과정 친구들과 함께 세미나를 진행하기도 하고, 중등과정 친구들이 만든 세미나에 참여하기도 한다.

2017년부터 진행된 페미니즘 세미나는 2016년 1학기에 진행된 페미니즘 수업 이후 좀 더 학습하고 싶은 포스트 중등과정 학생들이 주도적으로 만든 것이다. 2016년 5월에 발생한 "강남역 살인사건"으로 페미니즘에 대한 성미산학교 학생들의 관심이 커지면서 페미니즘 수업이 개설되었다. 이때부터 학생들은 페미니즘에 대한 다양한 층위의 담론들에 대해 이야기를 나눌 수 있게 되었다. 이 수업을 통해 학생들은 기존의 남성 중심 패러다임 속에서 '정답'을 도출하는 것이 아닌, 페미니즘이라는 새로운 렌즈를 통해 '좋은 질문'을 갖는 연습을 할 수 있었고 이듬해 이러한 내용을 함께 공부하고자 페미니즘 세미나를 개설한 것이다.

이 세미나는 학교를 벗어나 마을에까지 영향을 끼쳤다. 페미니즘 수업을 진행했던 교사와 세미나에 참여했던 학생들이 아빠들과 함께 하는 페미니즘 공부 모임 '아빠 페미'14)를 만든 것이다. '아빠 페미'에서는 성미산학교 청소년들이 교사가 되어 아빠들을 가르친다. '아빠 페미'에서

---

14) '아빠 페미니즘 공부 모임'의 약자로 성미산학교의 학부모들뿐만 아니라 마을의 성인 남성들도 참여하며, 2020년 10월 기준으로 모임이 꾸준히 지속되고 있다.

함께 활동하는 남영지 교사는 "청소년들이 먼저 페미니즘을 접하고 그런 걸 본인의 삶에서 바꿔 내기 시작하면서 역으로 제안할 수 있었다는 게 이 공부 모임의 제일 중요한 의미인 것 같다"고 말했다. 이처럼 자발적인 학습에서 시작된 공부는 학생들뿐만 아니라 마을의 성인들에게도 영향을 미치고 있다.

지인지기 프로젝트

포스트중등과정 학생들이 주도적으로 진행하는 프로젝트 중 하나는 '지인지기 프로젝트'다. 지인지기 프로젝트는 청소년 시민 인문학 수업으로, 진로교육을 직업 탐색 등에 한정하는 일반 학교와 달리 대안적 삶을 살아가는 사람 또는 단체와 만나는 과정을 학생들이 직접 진행한다. 어떤 주제로 진행할지, 그 주제에 어울리는 사람 또는 단체는 누구이고 어디에 있는지 생각하는 것부터 초대할 게스트를 섭외하고 진행하는 것까지 모두 학생들이 기획하고 준비한다. 이 프로젝트를 통해 중등, 포스트중등과정 학생들은 8년 동안 약 60여 명의 다양한 사람들을 만나 이야기를 나눴다. 이 과정을 통해 학생들은 어떤 사람으로 살아갈 것인지 생각해보고, 실제로 여러 방식으로 실험도 해 본다. 단순히 어떤 직업을 가졌는가보다 그 일을 통해 자신의 삶과 세계를 어떻게 꾸려 가는지를 들어 보고 자신은 앞으로 어떤 일을 하며, 누구와 함께, 어떻게 살아갈지 상상해 본다.

지인지기 프로젝트의 경우 모든 과정을 학생들이 기획하고 진행한다. 게스트 섭외 연락을 하고, 사회를 맡은 학생은 미리 멘트를 작성한다. 지인지기 프로젝트는 성미산학교 구성원뿐만 아니라 학부모와 마을 주민 등 외부에도 오픈되어 누구든지 참여할 수 있다. 그렇기 때문에 학생들은 웹 자보를 만들어 온라인와 오프라인에 홍보를 한다. 초대한 분을 위한 공간 준비와 오프닝 공연 역시 학생들이 준비한다. 누가 어떤 악기로 어떻게 오프닝 공연을 할지, 공간 연출 및 세팅은 어떻게 할지, 지인지기의 현장 스케치를 위해 촬영과 기록은 누가 할지 등을 세심하게 기획한다.

2019년도 1학기에는 '대안학교 학생으로 살아간다는 것: 졸업, 그 이후의 삶'이라는 주제로 볍씨학교를 졸업하고 마을기술센터 '핸즈'에서 활동 중인 박범준 씨, 꽃피는 학교를 졸업하고 여성인권단체 '너머서'에서 활동하며 졸업 이후에도 대안학교 학생들과 연대 활동을 하고 있는 박해인 씨, 볍씨학교를 졸업하고 허디거디와 다르부카를 연주하는 월드뮤직 밴드 '계피자매'와 함께했다. 이러한 만남을 통해 대안학교 학생으로서의 고민과 더불어 동시대를 함께 살아가는 이들의 이야기를 듣고 자신이 가진 고민도 나눠 보는 시간을 갖는다.

배우고 싶은 것을 배울 수 있는 학교

성미산학교 졸업생인 황선미 학생은 "제가 포스트중등 올라갈 때, 저희 학년이나 다른 학년의 여러 부모님들이 지금 고등과정의 커리큘럼에 너무 아무것도 없다고 걱정을 많이 하셨어요. 유동성을 강조하지만 아무것도 없는데 이걸 어떻게 믿고 보내냐, 막 이런 이야기들을 많이 했었죠"라고 말했다. 이처럼 포스트중등과정이 "아무것도 없다고" 느껴지는 이유는 바로 그 자리를 학생들과 함께 채워 나가고자 일부러 비워 두기 때문이다.

포스트중등과정 학생들은 시간표를 교사 그리고 동료들과 함께 자율적으로 구성한다. 실제로 포스트중등 교육과정에는 2019년 중점 과제로 "자치적인 학교 문화와 자율적인 학습 문화 만들기"라는 영역을 만들어, 학생들이 학교 운영 과정에 주체적으로 참여할 것을 독려했다.

학생들은 함께 학습하는 동료이자 학교 구성원으로서

학교 내 문화를 만들어 가는 주체이다. 따라서 학생들은 독립적인 학생회 운영을 통해 자신의 문제를 스스로 해결하는 경험을 하는 것과 동시에 학교의 구성원으로서 학교 운영 과정에 주체적으로 참여한다. 이 맥락에서 학생들이 자율적으로 시간표를 구성할 수 있도록 함으로써 스스로 자신의 학습 이력을 만들 수 있도록 한다. 또한 동료 및 교사들과 함께 자신이 어떠한 배움을 쌓아갈지를 나누고 소통하여 함께 성장하는 배움의 공동체를 만들어 간다.

(성미산학교 2019년도 포스트중등 교육과정 중)

그렇기 때문에 포스트중등과정 학생들은 새 학기가 시작될 때마다 자신이 하고 싶은 공부와 동료들과 함께 하고 싶은 프로젝트는 무엇인지 스스로 묻는다. 이러한 과정을 통해 학생들은 자신의 관심과 호기심이 무엇인지 계속해서 질문하며, 스스로 배우고 싶은 것을 탐색한다. 성미산학교 11학년에 재학 중인 송이선 학생은 포스트중등과정에 올라와서 좋았던 점이 무엇이었냐는 질문에 "직접 시간표를 짜다 보니 자신의 삶에 대해서 직시하고 제대로 살아야겠다는 생각을 처음으로 하게 됐다"고 말했다.

포스트중등에 와서 직접 제가 제 시간표를 짜잖아요.
그렇게 바뀌다 보니까 진짜 제 삶에 대해서 직시하고
제대로 살아야겠다는 생각을 처음으로 하게 된 거죠.
포중('포스트중등'의 약자) 올라오면서. 조금 늦은 것
같기도 하면서 이렇게 잘 된 거 같아요. 내가 하고 싶은
일을 단순히 동아리 차원에서 할 수 있는 일들이 아니
라 되게 많은 사람들을 만나고 그런 사람들한테 배우
고 협력하면서 조금 더 내가 꿈꿔 왔던 거를 실현시킬
수 있는 방향으로 활동을 할 수 있는 기회인 거 같아요,
포중은. 그래서 일단 저한테 너무 좋았고 중등보다 참
재미있다는 말을 많이 하고 다닌 거 같아요.

(성미산학교 학생 송이선)

송이선 학생의 경우처럼 포스트중등과정 학생들에게
는 유연하고 유동적인 교육과정 속에서 자신에 대해 생각
해 보고 고민할 기회가 주어지고, 그로 인해 학생들은 자신
이 인생에서 무엇을 원하고 바라는지 구체적으로 고민하
기 시작한다. 교육과정이 이미 정해져 있고, 시험에 의해
평가되는 일반 학교에서는 이미 주어진 것을 따라야 하기
때문에 성미산학교 학생들처럼 자신의 삶에 대해 고민해

보고 생각해 볼 시간이 부족한 편이다.

2017년에 방영된 SBS 스페셜 〈대2병, 학교를 묻다〉에서는 대학가에 유행하는 '대2병'을 겪고 있는 대학생들의 모습이 비춰졌다. 대학생이 되어서 자신감과 자존감이 급격히 낮아지고 미래에 대한 불안감이 커져 전과나 휴학, 자퇴를 하는 학생들이 증가하고 있다. 자신이 '대2병'을 앓고 있다고 말하는 강수민 씨는 "일단 수업은 잘 안 들어간다. 꿈에 대해 차근차근 단계를 쌓아가는 단계를 밟지 못했고 그래서 더 혼란스러운 상태가 된 것 같다"고 말한다.

대학생들의 '대2병'을 분석한 연구 결과를 살펴보면, '대2병'에 걸리는 원인에는 '자율성과 독립심을 저해하는 과보호적 양육 방식', '자기 탐색의 기회를 박탈하는 성적 중심의 교육 방식', '적성보다 인기와 이목을 고려한 대학 및 전공 선택'이 있다(오인수 외, 2018:12). 이처럼 시험과 성적 중심의 교육에서는 자신이 무엇을 좋아하고 잘하는지 탐색할 기회를 박탈당하고, 이러한 경험은 성인이 되어 진로를 결정할 때도 영향을 미친다.

성미산학교 학생들은 포스트중등과정에 올라와 각자의 관심사를 바탕으로 자신이 경험해 보고 싶은 일을 탐색하는 필드워크, 친구들과 함께 공부하고 싶은 주제를 선택해 깊이 있는 학습을 시도하는 세미나를 선택할 수 있다. 그뿐만 아니라 성미산학교 학생들은 지인지기 프로젝트를 통해서도 자신이 관심 있는 분야에서 일하고 있는 사람들이나 관심 있는 주제로 활동하는 분들을 직접 섭외해 행사를 기획하고 진행할 수 있다. 이와 같은 경험을 통해 학생들은 자신의 배움과 성장을 위해 "선택할 수 있는 권리"가 있음을 인식한다.

> 연구자: 성미산학교를 12년 동안 다녔잖아요. 학교에서의 교육이나 활동을 통해서 배운 게 있다면 어떤 걸까요?
>
> 정진서: 제가 늘 이야기하는데 뭘 배웠다기보다는 상상의 여지를 줬다고 생각해요. 기존의 교육은 한 가지 길밖에 없었다면, 성미산학교는 여러 가지 길이 있고 이 중에서 선택할 수 있는 권리가 있다는 것을 알려준 것 같아요. 엄청 똑똑해졌거나 지식이 풍부해진 것은 아니지만 내 삶에서 내가 원하는 게 뭔지를 찾는 방법을 가르쳐 준 것 같아요.
>
> (성미산학교 졸업생 정진서)

2018년 1월에 성미산학교를 졸업한 정진서 학생은 성미산학교의 교육이 자신에게 "상상의 여지"를 줬다고 말한다. 이러한 경험은 졸업 후에도 이어져 정진서 학생은 대학에 가는 대신 성미산학교 졸업생 두 명과 함께 성미산 청년유니온 '명왕성(PLUTO)'을 만들었다. '명왕성'은 성미산 마을을 기반으로 청년의 자립을 고민하며 청년들이 마을의 주체가 될 수 있도록 활동하는 그룹으로, 각자의 관심사에 기반한 다양한 프로젝트를 진행하고 있다. 또한 '같이 벌고, 필요한 만큼 나눈다'는 원칙과 모든 사람이 의미 있는 일을 찾아서 하며 그에 상응하는 돈을 받을 권리가 있다는 믿음을 바탕으로 각자가 번 돈을 모아 동일하게 나눠 갖는 구조로 운영된다. 이러한 실험은 이들이 성미산학교의 교육을 통해 학습이 배우고 싶은 것을 배우는 활동이며 정해진 교과목을 넘어서 자신이 배울 내용을 선정하고 찾아가는 과정임을 알게 됐기 때문에 가능한 것이었다. 그 과정에서 학생들은 자신이 배우고 싶은 주제를 선택하고, 더 나아가 그것을 더 잘 배우기 위한 방법을 모색한다. 포스트중등과정 담임을 맡고 있는 천이수 교사 역시 "배우고 싶은 게 있을 때 배움에 접근하는 방법과 태도를 배우는 것이 성미산학교 교육의 핵심"이라고 말한다.

프로젝트나 필드워크, 세미나 등을 통해서 배우고 싶은 게 있을 때 거기 접근하는 방법과 태도를 배웠으면 하는 거예요. 저는 그게 성미산학교 교육의 핵심이라고 봐요. 배운다는 게 사실 수학 문제처럼 그 자리에서 해결되는 게 아니라 배운 것을 바탕으로 삶에서 부딪치는 과정 속에서 체화되는 거잖아요. 성장이라는 건 머리로 배우는 것만이 아니라 실제로 몸으로 해 보면서 실패도 하고, 좌절하는 과정에서 가능하죠.

(성미산학교 교사 천이수)

성미산학교 학생들은 교육과정에 대한 선택을 바탕으로 자신이 선택한 활동에 대한 책임감을 갖게 된다. 성미산학교는 "자율, 책임, 참여를 통한 공동체 문화 만들기"를 지향한다. 자신의 관심과 호기심에서 출발하되 본인의 의지로 수업이 개설되었을 때 책임을 져야 하고, 단지 혼자만을 위한 과정이 아닌 동료들의 참여가 가능한 과정이 될지도 고민하며 공동체의 문화를 고려해야 하는 것이다. 대한민국 교육 현실에서 이러한 과정을 일반 학교에서 경험하는 것은 거의 불가능하다.

대2병과 관련한 연구에서 인터뷰에 참여한 대학생은

초등학교, 중학교, 고등학교 12년 동안 하라는 것만 하고 살다가 대학에 가서야 "하고 싶은 걸 찾아봐"라고 말하는 시스템을 비판한다. 단 한 번도 주체성을 발휘해 자신이 배우고 싶은 것을 배우지 못한 상태로 '대학'이라는 공간에 '자유'라는 이름으로 내던져지는 것이다. 학습자의 주도성은 단지 개인의 의지만으로 발현될 수 없다. 이를 가능하게 하는 교육적 환경과 다양한 선택의 기회가 마련되었을 때, 자신의 배움을 개척할 수 있는 용기가 발현되는 것이다.

징검다리로서 교사

성미산학교 학생들이 자신이 좋아하고 관심 있는 것이 무엇인지 스스로 성찰하고, 그것을 선택해 교육과정 속에서 진행할 수 있었던 배후에는 교사들이 있었다. 정진서 학생은 학생들 각자가 가지고 있는 관심사를 어떻게 프로젝트로 만들어 갈지 교사들이 도와주는 방식이 성미산학교의 장점이라고 말한다.

성미산학교의 좋은 점이라고 하면 각자가 가지고 있는 관심사를 어떻게 프로젝트로 만들 수 있을지, 그것을 선생님들이 도와주시는 것 같아요. 일반 학교는 학생

들 개개인의 성향을 고려하지 않고 이 학생의 인격 자
체를 등수로 치환하지만, 성미산학교는 그렇지 않으니
까요. 그래서 학생들이 기본적으로 학교에 열린 마음
이 있는 것 같아요.

(성미산학교 졸업생 정진서)

성미산학교의 포스트중등과정 교사는 두 명이고, 학생
은 스무 명이다. 천이수 교사의 경우, 2010년 성미산학교
에 와서 초등과정 담임부터 시작했고, 대부분의 시간을 초
등 4~6학년 그룹과 함께했다. 올해 새로 부임한 임현진
교사는 성미산학교에 오기 전에 다른 대안학교에서 중등
과정 담임을 했지만 고등과정 학생들의 담임 교사가 된 것
은 처음이었다.

이처럼 성미산학교 교사들은 초등과 중등과정을 넘나
든다. 공교육의 경우 교육대학을 졸업하면 초등학교 교사
로, 사범대학을 졸업하면 중·고등학교 교사로 부임하고
학교급 간의 이동이 불가능한 것과는 전혀 다른 방식이다.
성미산학교 교사들이 학교급을 넘나들 수 있는 이유는 무
엇일까? 바로 교사의 역할과 전문성을 단지 '가르치는 것'
에 국한하지 않고, 학생들의 관심과 필요에 귀 기울이고 그

것을 적극적으로 '도와주는' 역할로 확장해서 바라보기 때문이다.

성미산학교는 영어나 수학 같은 교과 수업은 외부 강사를 섭외해 진행하고, 담임 교사는 주로 학생들의 프로젝트나 필드워크 등의 활동을 담당한다. 그러다 보니 성미산학교 교사들은 학생들이 진행하는 프로젝트 활동을 조정하고 조율하거나, 학생들이 관심 있는 분야를 잘 가르칠 수 있는 사람이나 장소를 찾아 소개하고 연결해 주는 '코디네이터' 역할을 담당한다.

> 연구자: 학년이 시작하면 포스트중등 학생들이 다 모여서 개별적으로 하고 싶은 거, 팀을 만들어서 하고 싶은 거에 대해 이야기를 나누는 자리가 있나요?
>
> 천이수: 함께 기획하는 시간이 있죠. 팀을 만들고 기획하는 시간들이 있고… 학생들과 함께 조정하고 조율하며 진행하고 있어요.
>
> (성미산학교 교사 천이수)

교사의 역할이 단지 자신이 가지고 있는 지식을 전달하

거나 전수하는 역할이 아닌 학생들이 하고 싶어 하는 것을 발견하고 그것들을 프로젝트 또는 필드워크라는 활동으로 연결해 주는 '징검다리' 역할이기에, 초등과정 담임 교사가 중등과 포스트중등과정의 담임 교사도 맡을 수 있는 것이다. 서승혜 학생 역시 포스트중등과정 담임 교사에 대해 "포스트중등 구성원들끼리 어떻게 나눌지 혹은 좋은 선생님이 있다면 추천을 해 주시기도 하고, 책을 추천해 주시기도 하고, 진행 방향에 대해서 추천해 주시기도 하고 중간중간에 피드백을 계속 주세요"라고 말하며, 학생들이 무엇을 배우고 싶은지 묻는 자리가 학기 초뿐만 아니라 학기 내내 계속된다고 말한다.

연구자: 학기 초에 선생님이 "뭘 배우고 싶니?" 이렇게 물어보는 건가요? 다 돌아가면 한명씩 물어본다고 했잖아요.

서승혜: 학기 초하고 학기 말에 이런 것을 가시화하는 것은 선생님의 몫인 것 같아요. 그런데 선생님들끼리 일방적으로 정하면 학생들이 안 하잖아요.

연구자: 그렇죠. 당연히 안 하죠.

서승혜: 뭘 배우고 싶은지 묻는 자리는 꾸준히 있어요. 시작할 때와 끝날 때는 기본이고 중간 중간에도 흐름이 끊기거나 흐름이 좀 끊기려고 한다 할 때마다 계속 환기하면서 배우고 싶은 것을, 좀 더 활기를 찾을 수 있는 것들, 조금 더 주도적으로 함께 할 수 있는 요소들을 물어보는 것 같아요.

(성미산학교 학생 서승혜)

이처럼 성미산학교 교사들은 학생들이 주도적으로 학습을 진행할 수 있도록 학생들 곁에서 배우고 싶은 것을 함께 찾아가는 역할을 담당한다. 지식의 유무는 교사와 학생의 관계를 수직적으로 만든다. 더 많이 아는 사람이 교사이고, 덜 아는 사람이 학생인 구조에서는 지식은 권력으로 이어진다.

성미산학교에서는 교사의 권위를 최소화하기 위한 장치 중 하나로 교사들이 '애칭(별명)'을 사용한다.[15] 학생들

---

15) 포스트중등과정 천이수, 임현진 교사도 애칭을 사용하고 있지만, 신분이 드러나지 않도록 본명이나 애칭 대신 가명을 사용했다.

이 교사를 '선생님' 또는 '쌤'이라고 부르는 대신, '랑이'[16]
와 같은 애칭으로 호명하는 것이다. 성미산학교의 교사들
에 대해 정진서 학생은 "선생님들이 자기 입으로 설명하는
게 아니라 다른 잘 아는 선배들을 소개해 준다거나 좀 더
잘 아는 분에게 배우게 하고, 그럼으로써 선생님들과 수직
적인 관계가 많이 만들어지지 않는 것 같다"고 말한다. 이
처럼 교사와 학생의 관계가 수평적일 때, 스스럼없이 묻고
답하는 배움의 관계가 성립할 수 있다.

학생이 배움의 주체가 되는 교육으로

성미산학교의 교육과정은 학생들이 학교에서 배운 것과
세상을 연결하기 위해 고민하는 과정 중심 교육을 지향하
기 때문에 끊임없이 유동적으로 움직인다. 배워야 할 것이
고정되어 있는 교육과정에서는 학생들이 자발성과 주도
성을 발현하기 어렵다. 성미산학교가 학제를 변경하고 해
체와 재구성이 가능한 교육과정을 지향하는 이유는 학교
교육이 '학생 중심'으로 진행되어야 한다는 가치를 지향하
기 때문이다.

---

16) 저자 김경미의 애칭이다.

존 테일러 가토(John Taylor Gatto)는 저서 『바보 만들기(Dumbing us down)』에서 1819년 프러시아에서 시작된 현대 의무교육이 길러 내고자 한 국민의 모습을 다음과 같이 표현한다.

1) 학교가 명령에 복종하는 군인
2) 고분고분한 광산 노동자
3) 정부 지침에 순종하는 공무원
4) 기업이 요구하는 대로 일하는 사무원
5) 중요한 문제에 대해 비슷하게 생각하는 시민들

　　이처럼 학교교육이 길러 내고자 한 사람은 창의적이고 도전적인 사람이 아닌 사회의 질서에 복종하고 순종하는 '국민'이었다. 한국에서 '국민'학교를 초등학교로 바꾼 이유 역시 '국민'을 길러 내고자 했던 과거의 교육 사상에서 벗어나기 위함이었다. 하지만 1819년에서 200년 이상이 지난 지금도 대한민국 학교는 여전이 가토가 말한 고분고분하고 순종적인 '국민'을 길러 내는 데 주목하고 있다.

　　같은 책의 머리말에서 토머스 무어(Thomas Moore)는 "제도적 편의를 위해 토막 내 놓은 시간 조각 안에서, 학생들이 살고 있는 실제 세상에서 격리된 교실 안에서, 진정한 학습이란 불가능한 것이다. 인생이 서로 관련 없는 과목과 장, 절 따위로 쪼개져 있을 때 학습은 이뤄지지 않는다"(Gatto, 1992/2005:8)고 일갈한다. 의무교육이 시작된 지 200년이 지난 지금, 아직까지도 한국의 학생들은 토막 난 시간표에 따라, 격리된 교실 안에서, 장과 절로 쪼개진 교과서를 통해 학습하고 있다. 성미산학교를 포함한 대안학교들은 이러한 한계를 극복하고 학생들의 자발성과 주도성을 길러주기 위한 방법으로 유연한 교육과정과 학제를 선택하고 있다.

성미산학교 학생들이 학교의 좋은 점으로 손꼽는 부분이 바로 자신이 '선택'한 공부를 할 수 있다는 점이다. 이렇듯 학생들의 선택이 존중받는 환경은 학습자 스스로 무엇에 마음이 가는지, 무엇을 더 배우고 싶은지 성찰하며 나를 알아 갈 기회를 마련해 준다. 또한 관심 있는 것들을 시도하는 과정에서 성공뿐만 아니라 실패와 좌절을 경험하고 이로부터 학습하는 것이 성미산학교에서 지향하는 배움의 방식이다.

학생들의 선택을 존중하기 위해 학교는 기존에 만들어진 교과 내용을 따르지 않고 학생들의 필요와 요구를 반영해 교육과정을 운영한다. 그뿐만 아니라 학생들이 배우는 것과 삶이 유기적으로 연결되는지에 대해서도 끊임없이 질문한다. 대학에 진학하기 위한 수단으로서의 공부가 아닌 자신의 삶의 목적과 방향을 찾기 위한 목적으로서의 공부를 지향하는 것이다.

학생들의 선택을 존중하는 성미산학교의 문화는 학생들이 정해진 틀을 따라 수동적으로 움직이기보다 자신이 원하는 것을 찾아 적극적으로 움직이게 한다. 기후 변화에 관심이 있는 학생은 자신의 관심사와 맞닿아 있는 십년후연구소에서 필드워크를 진행했고, 지인지기 프로젝트에서는 대안학교 졸업 이후의 삶에 대한 궁금증을 바탕으로 대안학교 졸업생들을 학교로 초청해 직접 이야기를 들어보는 프로젝트를 진행했다. 성미산학교는 학생들을 '학교에서 교육을 받는 피교육자'라는 하나의 이미지에 가두지 않고, 학생들은 자신이 배우고 싶은 것을 적극적으로 찾아나선다.

지금까지 학생들은 교과서에 붙박인 내용을 암기하거나 교사가 중요하다고 지시하는 것들을 수동적으로 학습하는 지식의 수요자 위치에 있었다. 이러한 위치성은 학생들을 배움에 대한 '방관자'로 전락시킨다. 따라서 학습자,

학생이 스스로 문제를 찾고 적극적으로 배움을 발견하는 지식의 생산자가 되기 위해서는 학습자가 자신의 배움을 스스로 선택하고 기획할 수 있도록 교육의 구조를 바꾸어야 한다. 학생들이 자신의 선택을 존중받을 때 비로소 자발성과 주도성이 발현될 수 있다. 무엇보다도 자신이 배우고 싶은 것을 '선택'하는 것은 학습자의 정당한 권리이기도 하다.

그렇다면 학생들이 자신의 관심사를 발견하게 하기 위해 교사들은 어떤 역할을 해야 하는가? 무엇보다도 교사는 학생들의 마음을 들여다보고자 해야 한다. 학생들을 점수나 성적이라는 외적인 지표로 바라보는 눈이 아닌 학생들의 머리와 마음 안에 담겨 있는 생각과 호기심을 발견할 줄 아는 눈을 가져야 한다. 실제로 성미산학교의 교사들은 학생들이 가지고 있는 관심을 세상과 연결해 주는 다리 역할을 하고 있다. 그렇기 때문에 초등과정의 교사가 중등과정에서, 중등과정의 교사가 초등과정에서 담임을 맡을 수 있다. 이는 교사의 전문성을 교사가 학생들을 바라보는 '눈'을 기준으로 보다 넓게 바라보기 때문이다.

들뢰즈는 『차이와 반복』에서 "우리는 '나처럼 해 봐'라고 말하는 사람 곁에서는 아무것도 배울 수 없다. 오로지 '나와 함께 해 보자'라고 말하는 사람들만이 우리의 스승이 될 수 있다"(Deleuze, 1968/2004:72)고 말한다. 성미산학교에서 학생들이 프로젝트, 필드워크, 세미나 등의 활동에 자발적으로 참여할 수 있는 이유 중 하나는 "함께 해 보자"고 권유하며 권면하는 교사들이 있기 때문이다. 이처럼 배움의 동반자가 되기 위해 성미산학교 교사들은 학생들과 수평적이고 평등한 관계를 맺고자 노력한다. 교사들이 이름이 아닌 애칭(별명)을 짓는 이유 역시 그러한 노력의 일환이다.

학생들의 목소리에 귀 기울이는 교사에 대한 경험은 학생들로 하여금 배움에 대한 동기와 참여를 불러일으킨다. 성미산학교 교사들은 프로젝트를 진행할 때 학생들이 관심 있어 하는 주제를 바탕으로 그것을 세상과 연결할 수 있는 방법을 고민한다. 이처럼 성미산학교 교사들은 학생들을 지도하고 지배하는 방식에서 탈주해 학생들과 함께 공부하며 성장하는 배움의 동반자, 조력자, 동료가 되고자 한다. 교사들의 태도는 학생들이 배움의 주체가 되는 데 영향을 주고, 교사와 학생 사이의 역동은 수평적인 관계를 바탕으로 한 학교 문화를 만들어 간다. 이러한 문화가 바탕이 되었을 때, 비로소 학생들은 주도적이고 자발적인 학습자 즉, 배움의 주체가 될 수 있다.

04
학습자 주도성 발현의 촉진 요인과 저해 요인

이 장에서는 학습자 주도성 발현의 촉진 및 저해 요인을 다룬다. 앞 장에서 분석한 한국의 학습자 주도성 사례와 관련된 학생, 교사와 장학사, 연구자를 대상으로 명목초점집단기법(nominal focus group technique, NFGT)을 활용하여 각 집단에서 생각하는 학습자 주도성 발현의 촉진 및 저해 요인을 확인하고자 했다.

명목초점집단기법을 적용하기 전에 학습자 주도성에 대한 문제의식, 대안적 학습자 주도성, 이 책에서 정의하는 학습자 주도성 개념을 공유하고 이에 대한 논의 과정을 거쳤다. 학습자 주도성에 대한 공통 감각을 어느 정도 형성했다고 판단한 후, 명목초점집단기법을 적용했다. 명목초점집단기법 적용 과정에서 참여자들과 공유한 학습자 주도성의 정의와 발현 양상에 대한 설명은 다음과 같다.

- 정의: 사회적 존재인 인간이 자신의 개별성과 독특성을 유지하면서 함께-서로-존재할 수 있도록 비강제적으로 자신의 욕망을 공적인 것으로 전환하는 과정
- 발현 양상: 학습자 주도성은 개인 또는 상호주관적 관계를 통한 집단이 낯선 세계와의 부딪힘(갈등) 속에서도 알고자 하는 욕구, 학습자의 앎을 삶(경험)과 연결하는 의미화 과정으로서 공적 세계의 실천으로 발현된다.

학습자 주도성 발현의 촉진 요인

학생

초등학생이 생각하는 학습자 주도성 발현의 촉진 요인은 사고(思考)에 관한 것이 다수다. 초등학생들은 학습자 주도성 발현이 사고와 긴밀하게 연결되어 있으며, 학습자가 생각을 하게 하는 교사의 질문이나 학습 상황을 통해 사고를 함으로써 학습자 주도성이 발현된다고 보았다. 경험 자체가 아니라 경험을 통한 사고로 자율적이고 지적인 학습이 가능해지며, 그 과정에서 학습자 주도성이 발현된다고 본 것이다. 이는 사고가 경험에서 생겨나는 것으로 경험

표 4-1 학생이 인식한 학습자 주도성 발현의 촉진 요인

	초등	중등
제도	• 삶과 연계되고 생각을 유도하는 평가	• 기회의 균등 • 평등
학습 환경	• 정해진 틀이 없는 상황 • 생각의 공유 • 공감할 수 있는 소재 • 분명한 목표 • 문제 해결의 상황 • 사고에 기반을 둔 선택권 • 자율적인 분위기	• 확고한 목표 • 노력에 따른 보상 • 융통성 있는 학습 환경 • 능력을 발휘할 기회 • 성공 또는 실패
교사 보호자 다른 학습자	• 신뢰할 만한 교사 • 경청하는 교사 • 권위 있는 교사 • 다른 생각에 대한 여지를 두는 교사	• 신뢰 • 칭찬, 격려 및 배려 • 스스로 생각할 수 있게 해주는 존재 • 소통과 존중
학습자	• 다른 학습자의 학습 욕구 • 좋은 컨디션	• 비판적 사고력 • 자기 자신에 대한 긍정적 인식

속의 지적 요소를 드러내며, 경험의 가장 중요한 요소라고 강조한 듀이의 관점과 맞닿는다(Dewey, 1916/1996:236).

한 초등학생은 교사의 질문을 시작으로 생각을 하게 되고 자신의 생각을 친구들과 공유하는 과정에서 생각의 차이

를 경험하면서 사고가 확장되었으며, 그러한 사고의 확장 과정을 통해 얻어진 자기 생각이 주도성의 결과라 여겼다.

초등학생 1: 전 수업 시간에 하다 보면 이거에 대해서 어떻게 생각하느냐 선생님이 물어보고 써가지 고 뒤에서 친구들끼리 나눠 볼 때가 많은데 그 럴 때마다 친구들보다 더 좋은 결과를 내고 싶 고 더 좋은 말을 써 보고 싶어서 좀 더 의욕이 생기는 것 같아요.

연구자: 다른 친구들이랑 내가 다른 생각을 하고 있다 는 것을 확인할 때.

초등학생 2: 생각하는 활동을 하고 애들 뒤에서 나눠 본다 했잖아요. 그때 다양한 의견들을 볼 수가 있고 그거랑 비슷하면 약간 공감도 느낄 수 있 고 또 이제 그걸로 해서 다른 생각을 더 해 볼 수도 있고, 자기만의 정의를 내릴 수 있고 그러 니까 주도성을 갖게 되지 않나요.

(초등학생 NFGT)

초등학생들은 다양한 학습 상황의 경험을 해석하는 과정

에서 사고가 이루어진다고 보았다. 학생들은 학습자 주도성 발현의 촉진 요인에 관한 두 가지 일화를 소개해 주었다.

첫 번째는 담임 교사가 교실 뒤편 싱크대에 누군가 우유를 버리면서 얼룩이 생겼다고 여겨 반 학생 전체에게 훈계를 한 일에서 시작되었다. 학생들은 우유를 싱크대에 버린 사람이 없다고 생각했기 때문에 교사의 훈계가 오해에서 비롯된 것이라고 판단했고, 학생들이 모여 집단적으로 얼룩의 정체를 밝히기 위해 걸레의 물기를 짜 싱크대에 일부러 남기는 실험을 했다. 걸레를 짠 물의 얼룩이 우유 얼룩과 유사함을 밝히고 학생들의 생각이 교사의 생각과 다르다는 의견을 전달했다. 학생들은 교사의 훈계라는 경험을 사고로 연결하고, 그 과정에서 나름대로의 탐구를 수행했다.

두 번째 일화도 이와 유사했다. 학생들에 대한 교사의 문제 제기 혹은 훈계를 학생들이 그대로 수용하지 않고 스스로 사고하면서 교사의 견해를 나름대로 판단하고, 더 나아가 집단 행동의 실천으로 이어지기도 했다. 그 과정에서도 학생들은 각자의 생각과 견해를 공유하면서 구체적인 대응 방법을 논의하여 결정했다.

두 가지 일화에서 알 수 있듯이 초등학생의 경험이 사고로 확장되는 과정에서 교사는 중요한 위치에 있다. 초등

학생들은 자신들이 스스로 생각하고 사고를 확장하는 과정에서 교사가 중요한 역할을 한다고 보았다. 교사가 학생들이 사고할 수 있도록 지속적으로 질문을 했기 때문에 "어쩔 수 없이" 생각하게 된다고 했다.

모든 경험은 일차적으로는 겪고 견디는 것이라는 점에서 수동적이지만, 그와 같은 경험을 바탕으로 무언가를 해볼 가능성이 생기고 실제적인 행위로 이어지게 한다는 점에서 사고는 경험을 의미 있게 만든다. 사고를 바탕으로 적극적인 실천을 할 수 있는 가능성이 열린다. 이때 사고를 촉진하는 존재는 교사다.

연구자: 그러면 (교사가) 집요하게 문제 제기를 하셨기
　　　　때문에 그런 실험을 하게 된 것인가요?
초등학생 1: 네.
초등학생 2: 저희가 아침 1교시 시작하기 전부터 시작
　　　　해서 점심시간까지 쭉 그렇게 엄청 골 빠지게.
초등학생 1: 아침에 문제가 생기면 그걸 풀 때까지 계
　　　　속 조용히 자기들끼리 풀어야 해서 어쩔 수 없
　　　　이 생각해야 돼요.

(초등학생 NFGT)

그 밖에 초등학생들이 인식한 학습자 주도성의 촉진 요인으로 분명한 목표 상황과 문제 해결 상황이 있다. 목적 지향적 활동 속에서 배움에 대한 욕구가 자극되고 그에 따른 주도성이 발현된다고 본 것이다. 또한, 선택할 수 있는 상황 혹은 자율적인 분위기 속에서도 주도성이 발현될 수 있다고 보았는데, 이는 앞서 언급한 사고의 촉진 상황과 연결된다. 다시 말해서 선택권이 주어졌을 때 주도성이 발현되는 것은 단순히 선택 그 자체 때문이 아니라 선택이라는 환경이 사고를 촉진하기 때문이다. 자율적이고 허용적인 분위기도 학습자 주도성 발현을 촉진하는 요인으로 언급되었는데, 이 역시 학생들이 생각을 할 수 있는 일종의 가능성의 틈이 되기 때문으로 보인다.

반면, 중 · 고등학생 집단은 초등학생 집단과 다른 답변 양상을 보였다. 이들이 중요하게 다룬 학습자 주도성 발현의 촉진 요인은 주로 정서적 지지에 관한 것들이었다. 그들은 지지와 격려의 상황 속에서 자신의 생각을 말할 수 있고 참여에 대한 적극성이 생긴다고 보았다.

저는 약간 격려해 주면서 독려해 주는 것만으로도 약간 참여할 수 있겠다 (생각했어요). 저희 학교에서 동아리를 하는데 언니 선배들이랑 같이 하다 보면 아이디어를 한 명씩 내는 경우가 생기는데, 아이디어가 안 떠오를 때가 있잖아요. 언니들이 옆에서 조언을 해 주면서 할 수 있다고 해 주면 애들이 적극적으로 참여하려고 그러고, 더 열심히 하는 모습이 보이는 것 같아요.

(중·고등학생 NFGT)

지지와 격려, 참여에 대한 칭찬 등은 초등학생 집단에서는 상대적으로 덜 강조된 영역이다. 초등학생들은 사고를 하는 것에서 학습자 주도성의 발현이 시작된다고 여겼던 반면, 중·고등학생들은 자신들의 생각을 발화하는 데서 학습자 주도성의 발현이 시작된다고 보았다. 다만 중·고등학생들은 평소 학교에서 자신들의 생각을 쉽게 발화하거나 공유하지 못하고 있으며, 따라서 주도성이 발현되기 위해서 수업 상황에서 생각을 공유할 수 있도록 하는 촉진 기제가 필요하다고 여겼다.

한 학생은 학생들을 이해하는 교사를 좋은 교사라고 이야기했으며, 다른 학생은 자신을 "있는 그대로" 봐 주는 교사에게 좋은 모습을 보여 주고 싶은 마음이 생겨 자연스럽게 학습에 대한 동기 부여가 되고, 그것을 토대로 주도적인 학습이 가능해진다고 이야기했다. 이는 초등학생 집단에서 정해진 답이 없는 열린 상황에서 학습자 주도성이 발현될 수 있다고 이야기한 것과 일맥상통하는 부분이 있다. 즉, 학생들은 다양한 생각과 의견이 수용될 수 있다고 여겨질 때 학습자 주도성이 발현될 수 있다고 본다.

또한 학생들은 자유롭게 상상력을 발휘할 수 있는 현장에서 학습자 주도성이 발현될 수 있다고 이야기했다. 이는 학생들이 무엇인가를 주도적으로 했을 때, 자신들이 원하는 방향의 결과를 얻을 수 있을 때를 말한다. 즉, 학생들은 자유로운 상상력과 상상력에 따른 결과에 대한 가능성이 열린 상태에서 학습자 주도성이 발현될 수 있다고 본다.

교사

초등 교사 집단은 학습자 주도성 발현의 촉진 요인으로 교사와 학생의 관계를 중요하게 다뤘다. 이는 지식의 상호주관적 성격, 즉 지식은 개인과 세계의 존재론적 상호작용 속에서 생겨난 공간(in-between space)에서 형성된다고 보는 관점(Biesta, 2014)을 전제한다. 한 초등 교사는 모든 학습이 학습자와 학습자가 맺는 관계를 통해서 이루어짐을 강조했다. 그는 학습자와 학습자 바깥의 상호주관적 관계

표 4-2 교사가 인식한 학습자 주도성 발현의 촉진 요인

	초등	중등

제도
사회
변화
	• IT 기술의 발달
	• 혁신교육 정책
	• 혁신교육의 공감과 확산
		• 절대평가
		• 개별 학생별 평가
		• 교사의 교육과정
		  자율성
		• 다양성이 확보되는 유연한
		  제도

학습 환경	• 민주성 • 학습자 맥락적 수업 설계 • 민주적인 학교 문화 • 교사 집단 경험 공유, 확장	• 비경쟁적 분위기 • 함께 잘 사는 사회에 대한 기대

교사	• 교사와 학생 관계에 대한
	  교차적 사고
	• 학습자에 대한 존중
	• 다름(차이)에 대한 존중
	• 학습자의 가능성에 대한 믿
	  음
	• 수업 혹은 교육에 대한 교
	  사의 성찰
	• 학습자, 연구자 정체성
	• 교사 전문성과 책임감
		• 다양한 가치에 대한 존중
		• 교사 전문성에 대한 신뢰

학습자	-	• 건강한 정체성

는 학습자의 주도성 없이는 불가능하다는 점을 강조하면
서 관계성을 주도성 발현의 중요한 요소로 꼽았다.

우리가 수업을 이야기하고 교육을 이야기하고 여러 가지 이야기를 많이 하는데 정말로 우리가 이거에 대한 이야기를 할 때 놓치고 있는 것이, 관계에 대한 부분을 너무 많이 들여다보지 않는 느낌이 들어요. (중략) 관계를 보지 않고 '나는 무슨 교과인데 내 교과랑 아무 관계가 없는 이야기네.' 그 내용으로만 보는 거죠, 교육 자체를. 제가 볼 때는 그렇게 내용만 가지고 아이들을 만나게 되면 주도성이나 뭐나 아무것도 없다고 생각해요. 정말로. 내용은 교사가 아니라도 얼마든지 얻을 수 있거든요. 근데 이게 학습이 되려면 교사와, 학생과 다른 것과의 관계 속에서, 그 속에서 만들어지는 것들이 있어야 하는데. 그래서 여기서 말하는 주도성은 어쩌면 관계성이 되게 중요하다는 생각을 했어요.

(초등 교사 NFGT)

더불어 초등 교사들은 학습자에 대한 교사의 인식이 학습자가 학습자 바깥과 적극적으로 관계를 맺고자 하는 태도에 큰 영향을 미친다고 보았다. 교사가 학습자에 대한 존중과 가능성에 대한 믿음을 보일 때, 학습자는 자신의 외부 세계와 적극적으로 관계를 맺고, 그 과정에서 사고하고 자신의 생각을 다른 사람들과 공유하면서 사고를 확장한 다는 것이다. 한 교사는 이를 "배움의 민주성"이라는 용어로 설명했다. 학습 상황에서 서로를 인정하고 존중할 때 자기 생각을 말할 수 있고 각자가 가진 생각의 차이를 존중하는 것이 곧 민주적인 관계이며, 서로의 차이를 인지하면서 배움이 확장된다고 보기 때문이다. 또한 배움의 민주성에 대한 학습자의 경험이 시민적 주도성으로 연결된다고 보았다.

학습 과정의 민주주의는 자연적인 것이 아니라 교사가 적극적으로 보장하고자 노력해야 하는 것이며, 교사는 학생과의 관계를 정형화하기보다는 상황과 맥락에 따라 유동적으로 관계 맺기를 실천할 필요가 있다고 보았다. 다시 말해서 교사와 학생의 민주적인 관계가 기계적 평등을 의미하는 것이 아니며 교사의 책임과 권위, 친밀함 등을 바탕으로 교사와 학생의 관계가 어른-아이, 교수자-학습자, 인간-인간, 친구, 동료 등의 유동적 관계 속에서 배움의 민주성을 구현하는 것으로, 이때 교사에게 필요한 것은 학생과의 관계에 대한 교차적 사고[17]임을 강조했다.

---

17) 교차적 사고란 어떤 현상을 설명할 때 하나의 측면만이 아니라 서

동등이라고 하는 것 자체가 정해진 어떤 그림처럼 고정되어 있는 것이 아니라 굉장히 유동적이라는 생각이 들어요. 어떤 면에서는 같은 인간 대 인간으로서 동등해져야 할 필요가 있죠. 어떤 부분에서는 어른과 아이의 관계일 수도 있어요. 어떤 부분에서는 교사와 학생 관계일 수도 있어요. 그게 계속 교차하는 거예요. 그 교차하는 것을 느낄 줄 알아야 하거든요. 근데 사람들은 교사라는 직업을 가졌다고 생각하는 순간 고착화되는 것 같아요. 그림 하나를 그려 놓고 그림을 붙여 놓고 '나는 교사' 하고 시작을 하는 거예요. 근데 그게 아니라 그 그림이 흘러야 되거든요. 바뀌어야 되고 변해야 하는 거거든요.

(초등 교사 NFGT)

"가르침은 그 안에 이미 존재하는 것을 반복하는 게 아니고 그 상황에 매우 새로운 것(something radically new)을 가져다주는 것"이다(Biesta, 2012:41). 학습이 다양한 관계의 그물망 속에서 낯선 세계 또는 새로운 생각과 만나

로 맞물리는 형태의 측면을 고려하는 것을 의미한다.

는 과정에서 이루어진다는 점에서, 교사의 개입 또는 가르침은 학습자를 대상화하는 것이 아니라 학습자의 사고를 촉발하기 위한 관계적 노력이다. 따라서 학습 과정에서 교사의 반성과 성찰 역시 학습자 주도성의 발현의 중요한 요소다.

중등 교사들은 상대적으로 제도적 요인이 크게 작용한다고 인식했으며, 주로 교육과정과 평가의 자율성에 대해 논의했다. 특히 고등학교의 경우에는 교육과정 운영이 대학 입시와 직접적으로 연결되어 있기 때문에 제도의 영향을 크게 받는다. 이에 중등 교사들은 대학 입시의 변화가 필요하다는 데 이견이 없었다. 다만 그들은 어떤 제도든 대학 입시 경쟁 자체를 사라지게 할 수는 없다는 점에서, 평가 방식이 절대평가로 달라지는 것만으로도 학습자 주도성의 발현을 촉진하는 교육과정 구성이 가능할 것이라고 판단했다.

입시 제도를 어떻게 바꿔야 되고 뭐 이렇게 가는 게 순서인 거 같은데. 좀 미세하게 가면 평가가 핵심이라고 생각해요. 입시는 입시대로 한다고 해도. 입시가 치열하더라도 평가를 공정하게. '공정하게'라는 표현을 쓰

지 말아야 되는데 절대평가 형태로 해서 상대평가가
아니면 훨씬 더 나을 거 같거든요, 그러면. 실제 다 잘
하면 100점 주면 되는 거고 다 못하면 뭐. 우리가 애들
의 학업성취도를 높이기 위한 거라면 모두 100점이 되
는 게 맞거든요. 100점이 돼야 우리가 다 학업 성취가
된 거니까.

(중등 교사 NFGT)

중등 교사들은 별도의 평가가 존재하지 않고 공동체적
문화가 자리 잡은 경기도교육청 꿈의학교 중 하나인 몽실
학교 사례를 학습자 주도성이 발현된 대표적 사례로 여겼
다. 몽실학교는 대학 입시와 직접적인 연결점이 없고 평가
가 존재하지 않기 때문에 비경쟁과 협력의 조건이 갖추어
져 있다고 보았다. 몽실학교의 구조 자체가 학습자 주도성
발현의 촉진 요인이라 본 것이다.

몽실학교에는 교사들도 훌륭하긴 하겠지만 그 조건 자
체가 학교가 아니기 때문에 아이들이 방과 후에 와서
다양한 활동을 할 수 있고, 평가가 아니기 때문에 상대
평가를 안 하고. 평가를 하긴 하죠. 질적 평가를 하는

건데, 스스로. 상대평가를 안 하는 거고. 경쟁도 없고 서로 간에 협력할 수 있는 조건이 된다고 생각하거든요. 애들이 공동체적인 문화를 지향하는 것이 이 아이가 나를 도와주는 게 기쁘고 나도 도와주는 게 좋고, 그렇지만 학교에서는 도와주면 손해를 보기 때문에 안 도와주는 거고 도와줄 수 없는 거고 그런 상황이라서. 학습자 주도성에 대한 개념도 굉장히 중요하다고 생각이 들지만 사실 그 뒷부분에 있어서는, 실현 가능하냐 하고 봤을 때 그런 부분에 있어서는 현재 학교 시스템 자체가 굉장히 많은 한계가 있다⋯.

(중등 교사 NFGT)

다만 한정된 자원 속에서 다른 존재와 총체적 잘 살기라는 주도성의 실천은 적극적인 교육적 경험을 통해 가능하기 때문에, 자신과 세계에 대한 공적 관점을 인식하는 것이 강조되어야 한다고 보았다. 다양한 가치가 존중되고 함께 잘 사는 삶을 기대할 수 있을 때, 삶의 적극성과 주도성이 발현될 수 있다는 것이다. 이는 앞서 논의했던 바와 같이 학습자 주도성이 곧 자신의 욕망을 공적인 것으로 전환하려는 의지를 바탕으로 책임 있는 시민이 되는 것을 궁극적으로 지향하는, '총체적 잘 살기'를 위한 자유라고 설명한 것과 연결된다. 그런 점에서 한 중등 교사는 서로 다름에 대한 이해와 공감을 통한 공존에 대한 감각을 길러 주는 것이 학습자 주도성 발현의 촉진 요인으로 작용할 수 있다고 보았다.

한정된 자원을 정해진 자리를 놓고 경쟁하면 그 자리에 못 올라간 사람은 낙오자가 되지만, 가치가 굉장히 다양하면 이 다양한 것을 놓고 내가 내 자신과 경쟁해서 거기에 올라가서 승리자가 되는 건 누구나 할 수 있는 거잖아요. 그러면 그만큼 패배자가 적어지는 거잖아요. 그러니까 삶의 자세, 우리가 삶을 어떻게 바라볼 것이냐, 무엇을 내가 성취하는 게 맞는 것이냐, 그런 생각 자체가 바뀌면 이게 가능해지는데 지금 우리 사회는 그게 아닌 거죠. 모두가 바라는, '좋다'라고 생각하는 게 너무 정해져 있고 좋다고 생각하는 거 자체가 아까 얘기했던 학습자 주도성에서 요구했던 모습과는 전혀 다른 거죠. 모두 함께 서로 존재하면서 공공선을 추구하는 것이 아니라 내가 부를 축적하고 나 혼자 잘 먹고 잘사는 게 좋은 거라고 생각하는 게 이게 문제인거죠, 어떻게 보면.

중등 교사 집단에서는 현재의 중등학교 공교육 구조가 대학 입시를 중심으로 강력하게 작동한다는 점에서 학습자 주도성의 발현이 한계를 지닐 수밖에 없다고 판단했다. 제도의 변화가 단기간에 이루어질 수 없다는 점에서 무리하게 정책을 추진하기보다는 몽실학교 같은 학교 안팎의 다양한 교육과정이 학습자 주도성 발현을 촉진할 수 있다고 보았다. 예컨대 서울시교육청에서 운영하는 오디세이 학교처럼 고등학교 1학년 기간 동안 자신이 원하는 대안교육을 경험함으로써 '총체적 잘 살기'라는 공통 감각을 익히고, 그것으로부터 주도성을 실천하는 연습을 할 수 있다. 다양한 형태와 구조의 교육과정을 공교육과 연결함으로써 현재 공교육 시스템에 부족한 학습자 주도성 발현 기회를 열어 줄 수 있다.

또한 중등 교사들은 교사의 교육과정 운영 자율성을 학습자 주도성의 발현에 중요한 요소로 꼽았다. 학습자 주도성이 다양한 맥락과의 관계 안에서 발현된다는 점에서 개별 교사들이 만나는 학습자들의 고유성을 반영한 교수학습 설계는 학습자 주도성의 발현의 중요한 요소다. 그러나 현재 중등학교의 국가 수준 교육과정의 내용과 성취기준이 지나치게 경직되어 있기 때문에, 교사들은 국가 수준 교육과정의 대강화를 토대로 교사의 교육과정 구성과 운영에 대한 자율권이 주어진다면 학습자 주도성이 발현될 수 있는 수업 설계가 가능할 것이라고 기대했다.

> 왜냐하면 어떤 선생님이 프로젝트 수업을 특정 목적을 가지고 했다는 게 공유가 되면 인정해 주고 그렇게 가르칠 권리(를 인정할 필요가 있어요). 그리고 평가도 (마찬가지이고요).
>
> (중등 교사 NFGT)

그리고 교육 제도의 변화 및 교사의 교육과정 재구성에 대한 자율성이 주어진다고 하더라도, 교사의 전문성에 대한 신뢰가 바탕이 되지 않는다면 교사는 기존의 관행을 따르기 십상이며 학습자 주도성 발현을 촉진할 수 있는 학습 환경 구성에 소극적일 수밖에 없다. 이에 중등 교사 집단에서는 교사의 전문성에 대한 신뢰 역시 학습자 주도성 발현의 촉진 요인 가운데 하나라고 언급했다.

연구자

연구자들은 학습자 주도성이 학습자 개인이 습득하는 역량이 아니라 여러 조건과 맥락 속에서 발현되는 행위주체성임을 강조했다. 학습자 주도성이 학습자의 학습하고자 하는 욕구, 즉 흥미에서 시작된다는 점에서 학습자 주도성 발현의 촉진은 학습자의 학습 동기가 어떻게 생겨나는가의 문제와 긴밀하게 연결되어 있다고 보았다.

> 동기 설계가 확실하게 이루어져야만 주도성이라는 게 생기잖아요. 교사의 설계가, 완급 조절이 제대로 잘 돼야만 가능한 측면이기 때문에 적절한 시기에 평가를 한다든가 이런 것들이 주도성을 해칠 수도 있고 오히려 더 높일 수도 있는데. (중략) 저학년일 경우에는 생각보다 좀 분절화시켜서 아이들한테 제공해 줘야 동기가 안 떨어지지만 오히려 성인 학습자나 나이가 많은 학습자들 경우에는 그걸 너무 분절화, 단순화시킬 때 오히려 문제가 생길 수 있고. 그런 것들 때문에 굉장히 학습자 맥락에 맞게끔 비계를 설정하는 거.
>
> (연구자 NFGT)

표 4-3 연구자가 인식한 학습자 주도성 발현의 촉진 요인

사회 변화/제도	학습 환경	교사
• 교사별 교육과정의 지원 체제 • 평가 중심(질 관리) 교육과정으로 체제 전환 • 학습 목표-학습 과정-평가-수능 일체화 • 학습에 대한 패러다임 전환	• 교사의 촘촘한 수업 설계 • 학습 동기의 유발 • 개념 위주의 개별화 • 참여를 통한 학습 욕구 자극 • 학습을 총체적으로 보는 관점(교과 통합적 시각) • 평가에 대한 인식 전환	• 학생으로부터의 권위와 신뢰 • 학습자 및 연구자 정체성 • 학습 과정의 공동 참여자 • 교사의 행위주체성, 상황주도성

또한 연구자들은 학습에 대한 동기, 즉 성취 또는 성장하고 싶은 욕구는 타인과의 차이를 자각하는 데서 시작되고 차이의 자각은 참여라는 방식을 통해서 가능하다고 보았다. 그런 점에서 학습자 주도성 발현에는 학습자의 참여적 수업이 전제된다. 다만 참여가 놀이, 발표, 프로젝트 등의 활동만을 의미하는 것은 아니며, 교사의 주도로 이루어지는 훈련과 사고 등에 의한 참여도 중요하다.

지금 흥미 위주로 가는 것의 가장 큰 문제는, 학습에서

필요로 하는 활동과 무관하게 그냥 아이들이 즐겁게 하기 위한 어떤 놀이 같은 걸로 들어가 있는 것이고, 이건 문제가 충분히 될 수 있을 것 같거든요. 그게 명확하게 구분될 필요가 있는 거죠. 그냥 발표를 막 하는 게 아이들의 참여를 유도하기 위한 게 아니라 발표하는 것 자체가 해당 지식을 습득하게 연결이 되어 있는지 충분히 검토가 되어야 하는 부분인 거고, 계속 발표만 하거나 계속 팀플만 하거나 하는 것도 좋은 것은 아닌 거죠. 필요한 것들이 잘 균형을 이뤄서 들어가야 하는 측면도 있을 거고.

(연구자 NFGT)

또한 교실 상황에서 학습자가 흥미를 갖고 학습할 수 있도록 동기를 설계하는 존재로서 교사의 역할을 강조했는데, 학습자의 발달 단계뿐 아니라 학습자가 처한 상황과 맥락을 고려한 비계 설정이 학습자 주도성 발현을 촉진하는 데 핵심적이라고 보았다.

연구자들은 교사의 수업 설계에서 비계 설정만큼 학습 과정의 계열에 대한 개방성도 중요하게 다뤘다. 학습자는 교사가 예상한 계열대로 학습하지 않는다. 학습자 자신만의 방식과 계열에 의해 학습이 이루어지기 때문에, 학습자 주도성의 발현을 위해서는 학습자가 자유롭게 학습 과정의 계열을 바꿔 볼 수 있도록 하는 유연한 수업 설계가 필요하다고 보았다. 이는 앞서 학생들이 정해진 틀이 없을 때 주도성이 발현될 수 있다고 이야기했던 것과 연결된다.

> 진도라는 게 있잖아요. 교수자 중심으로 교과서나 교과 중심으로 계열이 이미 다 짜여 있는 상태에서 그것을 아이에게 제공하는데, 아이가 자신의 계열을 만들 여지가 없는 한 그걸 좇아가게끔 하는 거잖아요. 프로젝트에도 교수자가 원하는 게 명확하게 존재하는 상황에서는 쉽지가 않은 거죠, 프로젝트 수업을 한다고 해도. 그래서 프로젝트 설계도 학습자가 충분히 자기가 지식을 자유자재로 활용해 볼 수 있는, 계열도 막 바꿔 볼 수 있는 방식으로 열려 있어야만 주도성이라는 게 조금 더 생길 수 있는 것 같아요.
>
> (연구자 NFGT)

또 학습자 입장에서는 총체적 경험 속에서 학습이 이루어지기 때문에 교과 간 경계가 느슨해지고 점차 교과 통합적 방향으로 교육과정이 달라져 그에 맞는 수업 설계가 이루어질 필요가 있음을 언급했다. 마지막으로 학습자의 맥락에 맞는 설계를 위해 교사는 학습하는 존재로서 자신을 정체화할 필요가 있다고 보았다. 특히 학습자에 대한 학습을 중요하게 여겼는데, 학습자 세대의 특징을 파악하는 것이 중요하다고 보았다.

결국 학습자에게 적확한 방식과 내용으로 수업을 설계하는 것이 학습자 주도성 발현을 촉진하는 중요한 요소라는 것이 강조되었다. 즉, 수업 설계자와 연구자로서 교사 역할이 새롭게 부여되어야 하고, 교과 내용을 이해하고 설명하는 것을 넘어 학습자의 학습 경로를 예측하고 이를 효과적으로 지원할 수 있는 환경을 조성해야 하는 것이다. 연구자들은 이와 같은 새로운 교사 정체성의 정의와 인식을 토대로 교사에 대한 지원이 필요하다고 보았다.

연구자들은 또한 교사의 행위주체성이 발현될 수 있도록 다양한 환경과 조건의 변화가 병행되어야 함을 강조했다. 따라서 학습의 패러다임의 전환을 기초로 정책과 제도의 변화가 이루어져야 한다고 보았다.

학습자 주도성 발현의 저해 요인

학생

초등학생들은 학습자 주도성 발현에서 사고의 촉진이 중요하다고 여긴 것처럼 생각을 할 필요가 없는 학습 상황에서 주도성이 저해된다고 인식했다. 사고의 촉진을 저해하는 요인으로 강압적이거나 친구 같은 교사, 정답이 정해진 수업, 핸드폰 등 딴전을 부릴 만한 것들, 피로나 스트레스 같은 몸의 컨디션 등을 들었다.

초등학생들은 특히 정답을 강요하거나 미리 정해 놓은 경우에 군이 생각을 할 필요를 느끼지 못하게 되고 수업에 참여하고자 하는 의지가 사라지기 때문에 학습자 주도성이 저해됨을 강조했다. 이는 앞서 틀이 정해져 있지 않고 다른 생각에 대한 여지를 두는 수업에서 학습자 주도성이 촉진된다고 이야기했던 것과 연결된다.

교사는 적절한 권위를 가지고 학생들과 관계를 맺으면서도 학생들이 자유롭게 자신들의 생각을 표현할 수 있도록 함으로써 교사와 학생 사이의 신뢰 관계를 만들 필요가 있다. 초등학생들은 권위를 내세우는 강압적인 교사의 수업에서는 학생들이 긴장하게 되어 생각할 틈이 없거나, 생

표 4-4 초등학생이 인식한 학습자 주도성 발현의 저해 요인

	초등	중등
학습 환경	• 정답이 정해진 수업 • 너무 촉박하거나 지나치게 느슨한 시간 • 핸드폰 등 딴전 • 산만하고 시끄러운 상황	• 차별 • 기회의 불평등 • 이미 만들어진 계획 • 너무 높은 목표 • 소통의 부재
교사 다른 학습자	• 강압적인 교사 • 친구 같은 교사	• 한 사람의 주도 • 교사의 일방향적 수업
학습자	• 피로, 배고픔 • 주변 친구들의 낮은 집중도	• 노력의 배신 • 능력의 한계 • 상대적 박탈감 • 부담감

각을 하더라도 표현을 하지 못하고 위축되고 주눅이 든다고 이야기했다.

너무 엄격하면 그런 분위기에서 생각하는 공간이 마련이 잘 안 되니까 너무 엄격해도 안 되겠고.

(초등학생 NFGT)

반대로 친근하고 편한 교사는 교사로서의 권위를 상실해 전반적으로 학생들의 학습에 대한 흥미와 욕구를 자극하지 못하는 결과를 낳는다. 이는 어수선하고 산만한 환경으로 이어지기 십상이다. 그런 점에서 초등학생들은 교사와의 기본적인 신뢰 관계를 전제하면서도 너무 편한 교사는 학습의 동기를 저해하는 요인으로 작용할 수 있다고 언급했다.

전담 수업, 특히 ○○ 수업할 때 많은 친구들이 선생님이 너무 착하시니까 조금 우습게 본다고 해야 하나? 그래가지고 대놓고서 뒤에서 엎드리고 누워서 낙서를 하거나 떠들거나 그러는데 그런 친구들 보면 저는 선생님한테 너무 죄송한데. 그런 친구들 보면 저도 의욕이 떨어지고, 쟤는 왜 저럴까 하면서 선생님도 많이 힘드신데 왜 저럴까 하면서 집중도 떨어지고. 한 친구가 떠들기 시작하니까 내 의견 말하면 더 크게 말하게 되고. 시끄러워져서 그러니까 다른 친구들이 딴짓하는 게 방해가 될 때가 있는 것 같아요.

(초등학생 NFGT)

마지막으로 피로, 스트레스, 배고픔 등 기본적인 생리적 욕구가 채워지지 않을 때 학습자 주도성의 발현이 저해된다고 보았다. 생리적 욕구와 같은 조건은 당연한 것임에도 간과하기 쉬운 부분이다.

중·고등학생들은 학습자 주도성 발현의 촉진 요인으로 정서적 지지, 학습에 대한 동기 부여 등을 중요하게 여겼던 것처럼 정서적 지지 기반이 부재하거나 학습에 대한 동기를 떨어뜨리는 상황에서 학습자 주도성 발현이 저해된다고 이야기했다. 자신들에게 공격적인 말을 자주 하거나 학생들과 소통할 의지가 없는 교사를 "별로 안 좋은" 교사로 여기며, 그런 교사의 수업에서는 참여나 적극성이 떨어진다고 이야기했다. 특히 학생에게 관심이 없다고 느껴지거나 학생들의 생각이나 의견에 수용적이지 않은 경우에는 교과 내용에 전문성이 있다고 하더라도 그 수업에서 주도적 참여가 이루어지지 않는다고 이야기했다.

또한 수업 상황에서 독보적인 존재를 학습자 주도성 발현을 저해하는 주요 요인으로 꼽았다. 독보적인 존재는 대개 일방적으로 수업을 진행하는 교사지만, 동료 학생일 수도 있다. 왜냐하면 한 명이 무언가를 너무 잘하거나 모든 것을 주도하는 경우에 나머지 학생들은 굳이 적극적으로

참여하거나 주도적일 필요가 없다고 생각하게 되고, 학습
에 대한 동기가 사라지기 때문이다. 더 나아가 한 사람의
주도가 나머지 학생들의 주도적 참여 기회를 뺏는 것이기
때문에, 다른 학생과 함께 학습하는 교실 상황에서는 주도
적으로 참여하면서도 다른 학생들과 기회를 공유해야 한
다고 이야기했다.

> 여러 명 모였을 때 한명이 자기주장만 너무 강하게 밀
> 고 아니면 자신이 친한 친구한테만 계속 물어보고 자
> 신한테 안 물어보면, '내가 굳이 여기서 쟤랑도 안 친하
> 고 쟤네한테 말해 봤자 좋을 것도 없는데' 그러면 생각
> 을 안 하고 가만히 있을 것 같아요.
>
> (중 · 고등학생 NFGT)

특정 학생의 주도적 참여가 학습자 주도성 발현을 저해
하는 것처럼, 독단적이거나 일방적인 교사도 학습자 주도
성 발현을 저해한다고 보았다. 이는 초등학생들이 답이 정
해진 상황에서 주도성을 발휘할 필요 자체를 느끼지 못한
다고 이야기했던 것과 같은 맥락이다. 교사의 말이 정답이
라고 하더라도 교사가 학생들의 학습 자체에 관여하는 상

황에서는 학생들은 학습자 주도성은 물론이거니와 학습
에 대한 의지도 사라진다. 교사가 정해 놓은 답을 학생에
게 그대로 전달하는 경우, 학생들이 스스로 생각해 볼 기회
가 사라진다. 학생들이 자유롭게 사고할 수 있는 틈이 사
라진 상태에서는 학습자 주도성 발현이 불가능하다.

학생들의 자유로운 사고를 막는 또 다른 요인은 불평등
이다. 한 학생은 학기 초에 학급의 여러 문제에 대해 논의
하는 과정에서 반장, 부반장 등 주류 학생들이 자신들과 친
한 학생들의 의견을 주로 수렴하는 일을 경험하면서 학급
의 문제 상황을 해결하는 데 소극적으로 참여하게 되었다
고 말했다. 다른 학생은 교사가 특정 학생들을 편애하거나
학업 성취가 높은 학생들을 중심으로 수업을 진행한다고
느낄 때 수업에서 소외감을 느끼게 된다고 했다. 소외감은
학습자 주도성 발현을 저해하는 것은 물론이고 학습에 대
한 무력감으로 이어진다.

차별이 있으면 (의욕이) 떨어지는 거 같아요. 친구 사
이에서도 그렇고. 제가 말한 것처럼. 한편으로 보면 차
별이잖아요. 자기가 좋아하는 친구들을 먼저. 차별이
생기면 뭔가 자기가 소외감을 느낄 수도 있고 그리고

차별당하는 쪽에 있으면 무기력해지고 내 말은 들어
주지도 않을 건데 내가 말해 봤자 의미가 없겠지 이런
생각을 하게 되고. 선생님도 차별을 하게 되면 그 차별
을 당하는 아이들은 계속 입을 다물고 있게 되지 의견
을 표출하지는 않을 것 같아요.

(중 · 고등학생 NFGT)

학생들은 학습에 대한 의욕이 떨어지는 또 다른 경우로
학습 목표 수준이 너무 높아 학습 자체를 포기하게 될 때,
노력한 만큼 결과가 나오지 않을 때를 꼽았다. 학생들은
"노력의 배신"이라는 표현을 사용했다. 중 · 고등학생의
경우에 적절한 수준의 목표 설정에 따른 학습 동기 설계가
중요함을 보여 준다.

교사

초등 교사들은 학습자 주도성 발현의 저해 요인으로 교사
가 가진 주도성에 대한 오개념, 학습자에 대한 몰이해, 학
습에 대한 고정관념 등 주로 교사와 관련된 부분을 이야기
했다. 특히 최근 추진되고 있는 정책들에서 '주도성'을 강
조하고 있지만 주도성의 개념과 내용에 관한 구체적인 논

표 4-5 교사가 인식한 학습자 주도성 발현의 저해 요인

	초등	중등
제도 사회 변화	• 경기 침체와 사회 불안정성 • 불평등의 심화 • 발달 단계를 고려하지 않은 제도 • 맥락이 제거된 정책 추진	• 입시에 종속된 구조 • 학생을 순응적으로 기르는 관행 • 시민적 주도성이 삶을 위협하는 사회 구조 • 본질을 다루지 않는 교육 제도
학습 환경	• 주도성 개념의 모호성 • 교육에 대한 본질적 성찰의 부재 • 새로운 존재로서 학생에 대한 이해 부족	• 배움의 즐거움이 추구되지 않는 문화 • 경직적이고 삶과 유리된 교육과정 • 제한적 교육 자원 • 경쟁적인 학교 • 평가의 공정성 강조
교사 다른 학습자	• 공고한 신념 체계 • 학습 과정에 대한 고정관념 • 교사의 경험 부재	• 주도성에 대한 오개념
학습자	-	• 교육 활동을 입시와만 연결하는 풍토

의가 이루어지지 않다 보니 주도성에 대한 개념의 오해가
확산되고 있다고 보았다.

그것(주도성 개념)의 오해에서부터 잘못된 적용 같은 것들이 일어나는 상황이라는 거죠. 그리고 모든 정책에 '주도'가 붙기 시작했어요. (중략) 그런 현상 자체가 굉장히 경악스럽고, 두렵고. 지금 현재 그렇게 퍼져 가는 속도가 굉장히 빠르고. 지금 굉장히 문제를 많이 낳고 있는 것 같거든요. 교사들이 주도성에 대해서 모르는 상태가 아니라 이미 오역이 판치는 상황이라는 걸 분명히 짚어야만 될 것 같고. 선생님들께서 그렇게 잘못된 생각을 하는 부분은 저도 경험했던 부분인 것 같아요.

(초등 교사 NFGT)

초등 교사들은 초등학교급에서 학습자 주도성을 저해하는 또 다른 요인으로 학습 과정에 대한 교사의 고정관념을 꼽았다. 교사는 의도와 계획을 담아 수업을 설계하지만 수업 과정에서 학생들은 교사의 계획대로 단계적으로 참여하지 않는다(Doyle, 1990). 이와 같은 수업의 비예측적 성격을 수용하는 대신 수업 상황의 통제에 대한 욕구가 커질 때 학습자 주도성은 저해된다. 이것은 앞서 연구자 집단에서 언급했던 학습 과정의 계열성에 대한 개방성과도 연결된다. 학습 설계의 주체는 교사이지만 학습자의 주도적 학습이 어떤 방식으로 이루어지는지는 예측이 어렵다. 따라서 학습자의 맥락에 맞는 학습 설계를 하되 실제 학습 상황에서 교사 자신의 설계를 유동적으로 적용해야 한다.

> 학습자는 논리적인 순서대로 학습하지 않고 학습자의 이전 경험과 지식, 수많은 상황적 연관성 속에서 나름대로의 계열성을 바탕으로 학습을 해 나간다고 되어 있잖아요. (중략) 지금 우리는 나름대로 논리를 가지고 있는 거예요, 우리의 논리를. 근데 그게 예전의 혼란했던 나의 모습을 잊어버리고 지금의 내 모습이 애들한테 있을 거라고 상상을 해 버리는 거죠.
>
> (초등 교사 NFGT)

학습은 관계에서 시작된다. 교사는 학습 상황 속에서 학습자가 관계의 그물망 속에서 이루어지는 대화를 통해 사고할 수 있도록 틈을 열어 두어야 한다(남미자 외, 2014). 이와 같은 측면에서 한 초등 교사는 교육에 대한 교사의 확고한 신념이 학습자 주도성을 저해할 수 있다고 보았다.

중등 교사들은 학습자 주도성 발현의 저해 요인으로 주

로 사회 구조적 측면을 이야기했다. 특히 경쟁적인 대학 입시 제도를 학습자 주도성 발현의 가장 큰 저해 요인으로 꼽았다. 현재와 같이 대학 입시에서 치열한 경쟁이 존재하는 한 중등 교육에서 입시에서 자유로운 교육 활동은 거의 불가능하다고 보았고, 학습자 주도성 발현에 대해서도 회의적이었다. 특히 학습자 주도성을 학생이 주도적, 적극적으로 학습 과정에 참여하는 방법적 측면으로 보는 것을 넘어 교육적 방향으로서 총체적 잘 살기와 같은 삶의 주도성을 강조하는 것은 공교육 체제에서 쉬운 일이 아니라고 이야기했다. 경쟁에서 살아남지 못하면 생존 자체가 위협받는 사회 구조에서, 총체적 잘 살기와 같은 공적 감각에 대한 강조는 현실성이 떨어지기 때문이다. 그런 만큼 사회 구조의 변화 없이 학습자 주도성의 발현이 현실화되는 것은 어렵다고 보았다.

경쟁 사회라고 하니까 폭이 너무 넓어서. 어쨌든 학교 교육의 목표가 경쟁 교육인거잖아요. 조금 더 구체화시키면 경쟁 위주의 입시교육.

(중등 교사 NFGT)

중등 교사들은 실제 학교 현장에서 학습자 주도성을 궁극적인 교육 목적이자 지향으로 담아내는 것에 대한 부담감을 갖고 있었다. 교사들은 학생들이 공교육 현장에서 총체적 잘 살기라는 삶의 주도성을 지향하면서 공적 세계에서 성숙한 방식으로 존재하고 스스로의 욕망을 비강제적으로 재배치할 수 있게 가르치는 것 자체를 부담스러워했다. 그와 같은 가르침이 현실 세계에서는 성공한 삶 혹은 좋은 삶으로 여겨지지 않기 때문으로 보인다.

교육이 사회경제적 지위 획득의 도구로 활용되는 현실은 대학 입시를 일종의 경기로 인식하게 만들며, 교육의 내용보다 경쟁의 규칙이 얼마나 공정한가에 집착하게 만든다(남미자·오수경·배정현, 2019). 한 교사는 중등교육에서 평가의 공정성 시비가 끊이지 않고 있으며, 이는 교사가 교육과정 재구성이나 학생 참여 중심의 수업을 설계하는 데 어려움이 된다고 이야기했다. 그러다 보니 제도적으로 교육과정은 경직될 수밖에 없으며 교사가 교육과정을 자율적으로 운영하는 데 큰 용기가 필요하다. 또 중등 교육과정에는 교과의 경계가 분명하고 대학 입시와 관련해 습득해야 하는 지식의 양 자체가 많다 보니 구체적인 삶과 연결된 수업 구성이 쉽지 않은 것이 현실이다.

"장애인을 돌봐야 한다" 이렇게 말은 해 놓고, 평소 글이나 말은 정말 위인 같은데, 교실에서 틱 장애가 있는 애를 봤을 때 하는 행동은 완전 다른 아이를 보면서, 말과 행동이 다른 건 철학이 부재해서이고 그럴 수밖에 없는 게 경쟁적인 사회 구조라든가 누군가를 이겨서 내가 1등급을 받아야 하고 (그렇기 때문이죠).

(중등 교사 NFGT)

결국 대학 입시와 직접 연결된 교과 내용을 중심으로 교육과정을 구성하여 운영하게 되고, 학생의 참여 중심의 교육 활동은 정규 교육과정 바깥에서 실천하도록 하는 정책이 만들어진다. 중등 교사들은 공교육에서 학습자 주도성을 실현하기 위해서는 보다 근본적인 고민이 필요하다고 보았다.

덧붙여 최근 학습자 주도성이 강조되고 있지만 학생·학부모·교사가 각자 학습자 주도성을 다르게 인식하고 있는데, 이런 차이가 학습자 주도성 발현의 저해 요인으로 작용할 수 있다.

연구자

연구자 집단에서는 공교육에서 학습자 주도성 발현을 저해하는 가장 큰 요인으로 학습자 주도성에 대한 잘못된 이해를 지적했다. 공교육 현장에서 학생들이 주도적 학습자가 된다는 것을 학생들의 활동 참여와 같은 것으로 여기거나, 학생들이 좋아하는 교수학습 방식을 적용하여 학생들이 수업 시간에 즐거워하도록 하는 것이 학습자 주도성의 발현이라고 잘못 이해하고 있다는 문제를 제기했다.

활동 수업이, 아이들이 하게 되는 활동의 성격이 결국은 학습의 대상일 것 같은데, 사실 그게 결국은 지식을 학습하기 위한 수단이 아니라 그 자체가 학습 대상일 수 있다는 거에 대해서 (잘 모르는 것 같아요). 해당 지식을 학습하기 위해서 발표로 해도 되고 뭘 해도 상관없다거나 또는 (학습자 주도성을) 아이들이 좋아하는 방식의 문제로 보는 게 아니라, 그 교과에서 요구하거나 교사가 설정한 학습 목표에서 필요로 하는 활동이라고 보는 게 있을 것 같거든요.

(연구자 NFGT)

표 4-6 연구자가 인식한 학습자 주도성 발현의 저해 요인

제도	• 모든 과정이 평가되는 수행평가 • 경쟁적인 대학 입시 • 피드백 기능을 상실한 평가
학습 환경	• 총체적 접근이 어려운 학습 환경 • 중요한 영역의 비가시화 • 획일성을 강조하는 교과서 • 분절적 교육과정
교사	• 주도성에 대한 오개념 • 교사의 전문성 부족 • 학생의 가능성에 대한 불신
학습자	• 선택권의 강조

또 가르침과 주입을 같은 개념으로 여기거나, 학습자 주도성이 발현되는 수업에서는 교사가 지식을 전달하지 않아야 한다는 생각에 대해서도 비판적이었다. 학습자 주도성의 발현은 학습 상황에서 교사의 역할이 축소되거나 모든 것을 학습자가 스스로 알아서 하는 것을 의미하지 않는다.

크리스토둘루(Daisy Christodoulou)는 자기 주도 발견 학습이 관련 주제에 대해 충분한 지식을 가진 학생에게만

적합한 방식이라고 주장한다(Christodoulou, 2013/2014). 관련 주제에 대한 충분한 지식이 없는 상태에서 학생의 주도에 학습을 맡길 때 혼동, 좌절 등의 문제를 만들 수 있다고 주장하면서 직접 교수법이 높은 학업성취도를 위한 가장 효율적인 방식이라고 주장한다. 여기서 공교육의 목적이 무엇인지 되짚어 볼 필요가 있다. 즉, 공교육에서 교수학습이 학생 주도로 이루어지느냐 교사 주도로 이루어지느냐보다는 공교육의 궁극적 목표가 무엇인지 근본적 질문을 할 필요가 있는 것이다.

연구자들은 학생들이 '학습의 참맛', 즉 배움의 즐거움을 알게 하는 것을 공교육의 현실적인 목표라고 보았다. 앎에 대한 흥미, 곧 알고자 하는 욕구를 학생으로부터 이끌어 내기 위해서 교사가 특정 방식만을 고집하기보다는 교과나 학습자의 특성에 맞는 적절한 방식을 적용할 필요가 있음을 강조했다.

평가는 언제나 학습자 주도성 발현을 저해하는 요소가 아니며, 시의 적절한 평가는 오히려 학습자 주도성 발현을 촉진하는 요인으로 작용할 수 있다. 이에 연구자 집단에서는 학교 현장에서 상당수의 교사들이 지필평가가 학습자 주도성을 저해한다고 생각하는 경향에 대해 비판적으로 이야기했다. 또한 현재와 같은 수행평가는 학습자 주도성 발현의 저해 요인이라고 보았다. 왜냐하면 현재의 수행평가는 학생의 참여를 분절화하여 계속 확인하는 방식으로 이루어지는 것이 일반적인데, 그러한 방식이 오히려 학습자 주도성 발현을 저해할 수 있기 때문이다.

> 학습자 주도성을 가장 떨어뜨리는 것 중에 하나가 저는 수행평가라고 생각하거든요. 지금 수행평가 시스템이 (과목별로) 굉장히 분절화시켜서 계속 체크하는 방식이에요. 그것들이 주도성을 떨어뜨리고 계속 아이들이 수동적으로 움직이도록, 점수에 움직이도록 하는 게 가장 큰 문제인데. 그걸 개선한다는 것은 수행평가를 형성평가 개념으로 그냥 살려 두고 점수화하지 않는 거거든요. 수행평가도 지필평가처럼 학습의 마지막 단계에서 그 학습자가 충분히 자기가 그 학습을 꾸려 본 경험을 하게 한 다음에 평가하는 방식으로 되어야 … 평가 시스템을 시기와 형식에 있어서 학습자들이 주도적으로 무언가 할 수 있게끔 바꿀 수 있는지의 문제인 것 같아요.
>
> (연구자 NFGT)

현재의 수행평가는 개별 교과에서 분절적으로 이루어지며, 학생 입장에서는 한 학기에 50여 개의 수행평가를 치르게 된다. 결과적으로 학습자 주도성 발현을 위해 모든 교과에서 수행평가가 동일하게 이루어지는 것이 오히려 학습자 주도성 발현을 저해하는 요인이 될 수 있다.

2학기에 한 학생이 53개예요. 그게 말이 안 돼요. 1차 지필, 2차 지필 보고 53개 하면 공휴일 빼고 2~3일에 한 개씩 한꺼번에. 수행평가라는 자체가 이미 그 본질을 다 상실한 상태이고 이렇게 되면 인간성 말살이죠. 사실은. 누가 균형을 잡아야 될 때예요. 현장의 교사들은 제가 봤을 때 못 잡아요. 왜냐하면 위에서 내려오면 그대로 시행하고 있어요. 그리고 안에서 자체적으로 안하려고 해도 관리자들이.

(연구자 NFGT)

모든 학생 활동 과정이 수행평가로 점수화되면 학생의 학교생활 전부가 평가의 대상처럼 여겨지기 쉽다. 연구자들은 그런 점에서 현재의 평가에 교육적 효과가 없다고 보았다. 이들은 또한 지필평가와 수행평가가 피드백의 기능을 상실한 채 서열화 기능만 남아 있음을 지적하고, 이러한 문제가 해결되어야 한다고 이야기했다. 또 평가가 개별 학생의 수준을 진단하고 현재의 수준에 맞는 도전 과제를 제시하는 데 활용되어야 학습자 주도성 발현의 저해 요인이 아니라 촉진 요인으로 작용할 수 있다고 보았다. 수업과 평가와 대학 입시가 모두 분절되어 있는 현재의 공교육에서 학생들은 학년이 높아질수록 대학 입시에서의 유불리를 따지게 되며, 그런 상황에서 학습자 주도성 발현을 기대하기는 어렵다.

집단 간 인식 차이

학습자 주도성 발현의 촉진 요인에 대한 학생의 인식은 교사 및 연구자의 인식과 차이가 있다(표 4-7). 학생 집단에서는 주로 학습 환경과 관련된 요인에 관한 내용이 공통적으로 논의되었으며 특히 교사의 정서적 지지, 소통과 존중 등 교사 관련 요인을 중요하다고 이야기했다. 반면, 교사와 연구자는 교육 정책 요인이 학습자 주도성 발현의 촉진에 중요하게 작용한다고 보았다.

표 4-7 학습자 주도성 발현의 촉진 요인에 대한 집단별 NFGT 결과

구분＼순위	1순위	2순위	3순위	4순위
초등학생	사고의 촉진 상황	분명한 목표	권위가 있고 신뢰할 수 있는 교사	다른 생각에 대한 여지
중·고등학생	분명한 목표	정서적 지지	평등	소통과 존중의 환경
초등 교사	단위학교의 자율성 보장	정책적 견인	혁신교육의 보편화	교사·학생 관계의 교차성
중등 교사	교사별 교육과정 구성과 절대평가	교육과정의 유연화	가치의 다양성을 인정하는 교육 풍토	교사의 전문성에 대한 믿음과 신뢰
연구자	교사의 학습/동기 설계	학습 계열에 대한 개방성	교사의 권위와 신뢰감	학생에 대한 총체적 접근

초등학생과 중·고등학생은 모두 교사에 대한 신뢰를 학습자 주도성 발현의 촉진 요인으로 이야기했지만, 우선 순위는 조금 다르게 나타났다. 초등학생은 사고를 촉진하

는 상황을 1순위 요인으로 꼽았으나, 중·고등학생은 분명한 목표를 1순위 요인으로 꼽았다. 초등학생은 생각을 할 수 있게 하는 상황이 만들어져야 학습자 주도성이 발현될 수 있다고 보았지만, 중·고등학생은 개인 혹은 공동의 사고를 발화할 수 있는지가 학습자 주도성의 발현에서 중요하다고 보았다.

교사들은 학교급과 상관없이 교사 또는 단위학교의 자율성을 학습자 주도성 발현의 중요한 요인으로 꼽았다. 학습자 주도성 발현을 촉진하는 데 단위학교의 교육과정과 개별 교사의 교육과정 재구성이 영향을 미친다고 판단했기 때문이다. 다만 초등 교사 집단에서는 교사와 학생의 관계를 상황과 맥락에 따라 교차적으로 인식하는 것이 학습자 주도성 발현을 촉진할 수 있다고 보았다. 즉, 교사와 학생이 언제나 동일한 관계를 맺는 것이 아니라 어른-아이, 교수자-학습자, 동료, 친구 등으로 교차적 관계성을 가지는 것이 필요하다고 보았다. 그러나 중등 교사들은 교사 전문성에 대한 학생의 신뢰가 학습자 주도성 발현의 촉진 요인으로 작용할 수 있다고 보았다. 이는 연구자 집단이 3순위로 꼽은 요인이기도 한데, 연구자들은 학습자가 어려움에 처했을 때 교사에게 도움을 구하고 싶다고 느껴

표 4-8 학습자 주도성 발현의 저해 요인에 대한 집단별 NFGT 결과

구분＼순위	1순위	2순위	3순위	4순위
초등학생	정답이 정해진 수업	강압적이거나 지나치게 친구 같은 교사	피곤함, 배고픔 등의 신체 상태	산만한 분위기
중·고등학생	일방적으로 주도하는 존재	너무 높은 목표	소통의 부재	노력의 배신
초등 교사	주도성에 대한 오개념	교사의 고정관념	정책의 획일성과 폭력성	사회 불안과 불평등
중등 교사	경쟁적인 교육 문화	주도성에 대한 오개념	입시와 직결된 평가	교사의 재량권 부족
연구자	기능을 상실한 평가	경쟁적인 대학 입시 제도	분절적 교육과정	교사의 전문성 부족

야 학습 상황에 몰입할 수 있다고 이야기했다.

초등 교사들은 현재 상황을 토대로 우선순위를 도출했으나 중등 교사들은 현재 상황이 아니라 이상적 상황을 전제로 우선순위를 도출했다는 특징도 있다. 이는 초등 교사

들은 완전하지는 않지만 현재 상황에서 학습자 주도성 발현이 이루어지고 있다고 판단했으나 중등 교사들은 현재 상황에서는 학습자 주도성 발현이 현실적으로 어렵다고 판단했음을 보여 준다.

연구자 집단에서 꼽은 학습자 주도성 발현의 촉진 요인의 1순위는 교사의 학습 및 동기 설계다. 교사가 학습자 주도성 발현을 촉진하는 데 가장 중요한 요인임을 강조한 것이다.

학습자 주도성 발현의 저해 요인에 대한 집단 간 인식은 각 학생 집단에서, 각 교사 집단에서 유사한 결과를 나타냈다(표 4-8). 학생들은 교사이든 다른 학생이든 누군가가 일방적으로 주도하거나 정답을 강요할 때 학습자 주도성 발현이 가장 저해된다고 보았다. 초등 교사와 중등 교사는 학습자 주도성에 대한 오개념을 각각 1순위, 2순위로 꼽았다. 이는 초등 교사와 중등 교사가 모두 기존의 학습자 주도성 담론에 왜곡과 편향이 존재한다는 생각을 가지고 있음을 보여 준다. 중등 교사는 학습자 주도성 발현을 저해하는 가장 큰 요인으로 경쟁적인 교육 문화를 꼽았는데, 대학 입시 제도에 종속된 현재의 공교육 제도 자체가 학습자 주도성 발현의 가장 큰 저해 요인이라고 본 것이다. 연구자들도 대학 입시 제도가 현재와 같이 경쟁적으로 운영되는 상황에서는 학습자 주도성 발현이 완전하게 이루어지는 것은 불가능하다고 보았으나, 더 큰 문제는 학습자 주도성 개념에 대한 오해에서 비롯된 평가 제도와 방식을 가장 큰 저해 요인으로 꼽았다.

초등학생과 중·고등학생이 꼽은 학습자 주도성 발현의 저해 요인의 순위는 대체적으로 유사하지만, 하위 순위에서 다소 다른 양상을 보인다. 초등학생들은 피로, 배고픔 등의 몸의 상태와 산만한 분위기 같은 주변 환경을 3, 4순위 저해 요인으로 꼽았다. 반면 중·고등학생은 4순위로 노력의 배신을 꼽았는데, 노력에 상응하는 결과를 얻지 못했을 때 좌절감을 느끼기 때문이라고 이야기했다. 노력의 배신은 2순위의 '너무 높은 목표'와도 연결된다. 정서적 지지와 격려가 학습자 주도성 발현의 촉진 요인이었던 것과 같은 맥락이다.

중등 교사가 꼽은 학습자 주도성 발현의 저해 요인의 1, 3, 4 순위는 대학 입시 제도와 관련된다. 초등 교사들은 대학 입시 제도와 관련된 요인을 학습자 주도성 발현의 주된 저해 요인으로 꼽지는 않았으나, 4순위로 사회 불안과 불평등을 꼽았다. 초등 교사들은 학습자 주도성 발현의 저해

표 4-9 영역에 따른 집단별 학습자 주도성 발현의 촉진 요인(▲)과 저해 요인(▽)

	사회 구조 제도 / 정책	학습 환경	교사	학습자
초등학생		▲▲ ▽▽	▲▲ ▽	▽
중·고등학생		▲▲ ▽▽▽	▲▲	▽
초등 교사	▲▲▲ ▽▽		▲ ▽▽	
중등 교사	▲▲▲▲ ▽▽▽		▽	
연구자	▲ ▽▽▽	▲	▲▲ ▽	

요인 2순위로 교사의 고정관념을 꼽았는데, 학습 과정에 대한 교사의 공고한 생각이 학습자로 하여금 주도적 학습을 방해하는 측면이 있다고 본 것이다.

연구자들은 평가의 문제를 학습자 주도성 발현을 저해하는 가장 중요한 요인으로 여겼다. 평가의 방식과 내용은 학습자의 동기를 유발할 수도, 저해할 수 있는 가장 강력한 영역이라고 보았으며 그런 맥락에서 현행 대학 입시 제도가 학습자 주도성 발현의 2순위 저해 요인이 된다고 보았다. 교사들은 교사 전문성이나 교육과정 자체를 학습자 주도성 발현의 저해 요인으로 보지 않았으나 연구자들은 현재 교육과정, 특히 중등 교육과정이 교과 중심으로 분절적으로 이루어져 있는 것은 학습자 중심의 교육과정 운영이 아님을 시사한다고 보았다. 연구자들은 교사들도 교육과정을 개별 교과 중심으로 이해하고 있기 때문에 교사 전문성이 부족하다고 보았고, 그것이 학습자 주도성 발현을 저해하는 요인이라고 보았다.

표 4-9는 각 집단이 생각하는 학습자 주도성 발현의 촉진과 저해 요인을 영역별로 구분하여 나타낸 것이다. 학생 집단은 학습자 주도성 발현의 촉진과 저해 요인에서 모두 학습 환경과 교사 요인이 중요하다고 여기고 있음을 알 수 있다. 반면, 교사 집단은 사회 구조, 제도, 정책 등과 같은 거시적인 맥락을 중요하게 다루고 있으며 그러한 경향성은 초등 교사보다 중등 교사에게서 강하게 나타났다. 연구자 집단은 거시적인 맥락과 더불어 교사 요인을 중요하게 다루고 있음을 확인할 수 있다.

05
공교육의 학습자 주도성

교사 주도와 학생 주도라는 모순 사이에서

학습자 주도성은 학습자의 고유성과 시공간적 맥락 사이의 상호작용이 일어나는 공간에서 발현되는 것이며, 그러한 발현은 교육적 개입을 통해 확장될 수 있다. 학습자 주도성은 학습 과정의 다양한 맥락 속에서 발현되는 현상인동시에 총체적 잘 살기라는 교육적 지향 속에서 길러지는역량이다. 또한 책임 있는 시민으로서 삶의 주도성으로 연결되는 궁극적 지향이다. 학습자 주도성은 시간성을 두고성취해 나가는 것이라는 점에서 교육의 궁극적 지향인 동시에 교육과정 그 자체다.

　학습자 주도성은 학습자 개인의 역량에 의한 것이 아니라 학습자(들)을 둘러싼 다양한 맥락과 관계들 사이의 상호작용 속에서 발현되거나 제약된다. 따라서 교육의 과정에서 학습자 주도성이 발현되기 위해서는 학습자(들)이 처한 상황과 맥락 속에서 학습의 내용과 방법 등이 적절하게 조율되어야 한다. 그것은 학습 과정의 설계, 구성 및 운영을 주도하는 교사의 역할이 중요하다는 것을 의미한다. 학습자 주도성은 교사 주도성과 대치되는 개념이 아니라, 오히려 교사의 적극적인 참여와 개입 속에서 학습자의 다양한 맥락이 고려되어 촘촘하게 설계된 교육과정을 통해서 발현되는 것으로 이해해야 한다.

학습자 주도성은 학습 과정에서 누군가의 간섭을 받지 않고 선택할 권리도, 원하는 행동을 할 자유도 아니다. 학습자 주도성을 학습자의 학습 선택권 또는 학습에의 활동적 참여로 제한해서는 안 된다. 학습자 주도성을 학습자의 자유나 선택권 등 표면적인 차원에서 이해하게 될 때, 공교육은 학습을 위한 물리적 환경의 역할만 하게 된다. 이때 학습자의 개별적 수준과 맥락에 따른 차이는 고려되지 않으며, 학습자 주도성이 발현되지 않는 것은 개인의 문제로 환원된다. 그러나 학습자 주도성에서 중요한 것은 바람직한 방향이며, 방향성을 제시하고 이끄는 것은 공교육의 중요한 역할이다. 따라서 학습자 주도성의 발현을 이끄는 다양한 맥락들 가운데 교육적 개입은 결정적인 요소다.

비에스타는 가르침을 초월적 폭력(transcendental violence)으로 표현한다(Biesta, 2012). 이는 공교육의 학습이 학습자가 더 나은 존재로 성장하는 것이며, 단지 학습자의 내적인 필요를 충족하는 것만이 아님을 강조하고자 한 것이다(김한길·김천기, 2018:634에서 재인용). 이와 같은 관점에서 학습자 주도성은 학습자에게 주어지는 독단적 주관성이 아니며, 교육적 개입에 의해 특정한 방향을 향하도록 해야 하는 것이다.

특히 교사는 학습자 주도성이 중요한 가치로 다루어지도록 학습 과정을 설계하는 주체이며, 그 과정에서 교사는 학습자의 개별성뿐 아니라 다양한 맥락들을 고려해야 한다. 총체적 잘 살기라는 삶의 주도성을 지향하며 학습자의 상황과 맥락을 고려한 교육과정 설계 위에서 학습자 주도성이 발현되는 것이다.

교육과정 설계에는 교사의 개입과 주도가 필연적이며, 따라서 학습자 주도성 발현에서 교사는 중요한 존재다. 이때 교사는 교육과정의 설계자로서만 존재하는 것이 아니라 구체적인 학습 상황 속에서 학습자(들)과 관계를 맺는, 끊임없이 학습자와의 상호주관적 지식을 형성해 가는 주체다. 즉, 학습자 주도성은 교사에 의해 이루어지는 교육

그림 5-1 학습자 주도성과 교육적 개입

적 개입 상황에서, 학습자를 둘러싼 그물망처럼 얽힌 복잡한 맥락과 조건 속에서, 고유성을 가진 학습자의 다양한 관계 맺음 속에서 발현되는 것이다. 따라서 교육적 개입으로서 교사의 행위는 학습자 주도성과 서로 반대되는 개념이 아니다.

결국 학습은 교사의 일방적인 의도나 계획에 의해서가 아니라 교사와 학습자(들)의 상호주관적 관계에서 형성된 사이의 공간에서 주어지는 선물 같은 것이다(김한길·김천기, 2018:634). 교육적 상황에 참여하는 교사 역시 시공간적, 관계적 맥락 속에서 개인 혹은 공동으로 학습자 주도성을 경험할 수 있다.

교사와 학생의 만남을 통해서

공교육에서 학습은 학습자가 세계와 자신을 연결하고 그 과정에서 자신의 세계를 확장하는 일련의 과정으로, 상호 주관적 관계 속에서 이루어진다. 거듭 강조하지만 학습의 의미는 학습자의 고유성을 성숙한 방식으로 완결해 가는 과정 그 자체에 있으며, 의미 있는 학습은 교사와 학생의 무조건적 신뢰 속에서 교육적 개입에 대한 교사의 책임성이 전제될 때 가능하다.

학생들은 학교급을 막론하고 학습자 주도성 발현의 촉진 요인을 모두 교사 요인으로 꼽았다. 여러 요인 중에서도 교사의 신뢰와 존중, 정서적 지지와 격려, 소통하는 분위기, 다른 생각에 대한 열린 태도 등과 같은 정서적인 측면을 강조했다. 학생은 교사를 의지할 만한 존재로 여기고 교사는 교육적 개입에 대한 책임을 가짐으로써 학습자 주도성 실현이 가능해진다.

초등학생들은 자기 스스로 사고를 하더라도 발화를 어렵게 만드는 어려운 무서운 교사와의 학습과 친구 같이 편한 교사와의 학습에서 학습자 주도성이 발현되기 어렵다고 이야기했다. 친구 같은 교사와의 학습 상황에서는 학습

자체에 대한 동기가 부여되지 않으며 교사를 무언가를 배울 만한 존재로 인식하게 되지 않기 때문이라고 덧붙였다. 교육적 개입이 없는 교사와의 관계 속에서 학습자는 자기 세계에 갇힌 독백 혹은 자기 반복을 할 뿐이다(김한길·김천기, 2018). 반대로 학습자를 대상화하는 교육적 개입 속에서는 학습자의 주도적 사고와 의미 있는 학습이 불가능해진다.

학습은 학습자의 내부에 이미 존재하는 것을 반복하는 경험이 아니라 매우 새로운, 낯선 세계와 만나는 경험 속에서 이루어진다(Biesta, 2012:41). 따라서 가르침이 삭제된 학습은 존재할 수 없다. 이러한 논의를 바탕으로 할 때, 교사와 학생의 수평적이고 민주적인 관계란 학생을 중심으로 나머지 존재인 교사가 대상화되는 것을 의미하는 것이 아니라 레비나스(Emmanuel Lévinas)의 타자성 철학에서 말하는 것처럼 타자에 대한 환대로서의 윤리적 관계를 의미한다. 교사는 교사로서 교육적 개입에 대한 책임감을 갖고 학생은 학습자로서 교사를 전적으로 신뢰하는 상호 의존적인 관계여야 하는 것이다.

학습은 학습자에 의해 이루어지는 것이므로, 학습자 주도성 실현에서 가장 중요한 것은 결국 학습에 대한 학습자의 흥미(욕구)다. 즉, 학습자가 낯선 세계와의 부딪힘 속에서도 알고자 하는 욕구에서 학습자 주도성이 실현된다. 학습자를 단순히 교육의 대상으로 한정할 수 없으며, 동시에 학습자가 자신의 의도대로만 교육을 이끌어 가는 것도 불가능하다. 아렌트의 탄생성 개념을 차용하여 학습자를 변화 가능성·창조성·새로움을 지닌 존재로, 교사를 기존의 질서와 전통으로서 권위를 가진 존재로 간주하고 교육을 과거의 전통을 보존하면서 학습자의 새로움이 세계에서 발현되게 하는 탄생성의 공간으로 의미화할 수 있다. 따라서 학습자 주도성의 실현을 위한 학습자의 앎에 대한 욕구는 학습자의 내면이나 경험에서만 생기는 것도, 교사의 촘촘한 수업과 동기 설계에 의해서만 구현되는 것도 아니다. 다시 말해서 학습은 교육적 개입을 매개로 만들어진 낯선 세계와의 만남에서 시작되지만, 어떤 방식으로 학습자에게 의미화될지는 예측할 수 없으며 이는 오히려 우연성의 과정 속에서 이루어진다. 따라서 학습이 상호주관적 관계 속에서 비순차적이고 비논리적 순서에 의해 비선형적으로 의미가 창출되는 과정임을 받아들여야 한다. 따라서 학습은 교사와 학생 모두에게 불편과 고통을 초래할 수 있으며, 그런 점에서 학습 과정은 그 자체로 용기 있는 만남이고(심보선, 2018:470), 만남을 통해서만 가능하다.

또한 학습은 정제된 지식의 구조를 소재로 다루는 학습의 상황인 동시에, 학습자들의 일상적 실천 상황이라는 점을 기억할 필요가 있다. 학습자 주도성이 발현되는 공간은 학교뿐 아니라 일상 세계 전반이며, 상호주관적 관계 역시 교사와 동료 학생을 넘어 온·오프라인의 다양한 관계라는 개인적 학습 네트워크(personal learning network)로 인식할 필요가 있다.

비예측적인 방식으로

공교육에서 학습자 주도성을 실현하기 위해서는 교육적 개입으로서 교사의 역할이 매우 중요하다. 따라서 학습자 주도성이 방법적 측면에 경도되지 않도록 공교육의 궁극적 지향으로서 주도성을 교육의 내용으로 포함시킬 필요가 있으며, 학습자 주도성 발현에 필요한 교사의 역할에 초점을 맞추어 교사 전문성을 새롭게 규정할 필요가 있다.

지금까지는 교사에게 가르치는 행위에 초점을 둔 전문성, 즉 교육과정과 교수방법 등에 대한 전문 지식이 요청되었다. 이러한 교사 전문성 개념은 국가 발전에 기여할 수 있는 인적 자원으로서 학생을 길러 내는 것을 목표로 하며 투입 대비 산출 비율, 즉 효과성과 효율성 중시로 이어진다. 또한 국가 수준 교육과정 이행에 대한 교사 책무성이 커진다(곽영순, 2014: 42). 결국 교사들은 어떻게 국가 수준 교육과정을 이행할 것인가에 집중하게 된다. 국가 수준 교육과정이 강력하게 작동하는 교육 제도 속에서 교사 역할은 국가의 교육 정책을 학생에게 전달하거나 실행하는 것에 머무르며, 그 과정에서 교사는 마치 연결로서만 의미를 지니는 수도관 역할에 머물게 된다(정용주, 2017:17).

그러나 앞서 살펴본 것과 같이 학습자 주도성은 학습자에 의한 독립적 주체성이 아니라 교육적 개입에 의한 특정 방향, 곧 '총체적 잘 살기'를 향한 삶의 주도성과 연결되어야 하며 학습자의 개별적 맥락에 따라 다르게 접근할 필요가 있다. 이는 행위주체성을 가진 교사가 자신의 수업 상황에 대한 정확한 진단과 이해를 바탕으로 교수학습 상황에서 발생하는 다양한 문제들에 대해 반성하고 성찰하면서 실천 방식을 개선해 가는 것의 중요성을 드러낸다. 교사에게 연구자, 실천가로서의 전문성이 요구되는 것이다.

교사와 학생은 상호주관적 관계 속에서 함께 성장해 갈

수 있다. 그런 점에서 학습자의 배움과 성장은 교사가 의도하고 계획한 대로 이루어지지 않으며, 그렇다고 해서 학습자가 원하는 방향으로만 이루어지는 것도 아니다. 학습은 교사와 학생의 사이 공간에서 이루어지는 상호작용을 통해서 예기치 못한 방식으로 주어지는 선물 같은 것이다(김한길 · 김천기, 2018). 학습에 우연성과 비계열성이라는 속성이 있다는 점에서 교사가 어려움을 겪기도 하지만, 동시에 예측하지 못한 기쁨을 경험할 수도 있다(Edgoose, 2010).

학습자 주도성은 교사의 계획이나 노력만으로 실현할 수 없다. 따라서 교사는 학습에 대해 촘촘한 설계를 하되 자신이 원하는 방식으로 학습자 주도성이 발현되지 않으며 학습자 고유성을 토대로 상호주관적 관계 속에서 예측하지 못하는 방식으로 이루어짐을 인지해야 한다.

교육의 장에서는 언제나 학습자의 자아와 세계 사이의 긴장이라는 아포리아가 발생할 수밖에 없다(Mollenhauer, 1983/2013:21). 교육의 아포리아란, 학습자의 자아를 존중하여 학습자의 자유와 학습자가 원하는 바를 따라 교육을 기획할 때 언제나 가르치고자 하는 세계의 상실이 불가피하고, 반면에 세계를 중시하여 세계를 있는 그대로 전달하려고 할 때 학습자 자아의 고유함이나 자유의 상실이 불가피하다는 것이다. 따라서 공교육은 신참자의 새로움이 파괴되지 않도록, 동시에 그 새로움이 기존 세계를 파괴하지 않도록 신참자의 새로움을 보호하고 책임지는 역할을 해야 한다. 공교육에 대한 이와 같은 접근은 '탄생성의 역설'이라는 난제를 수반한다. 그럼에도 세계와 자아의 경계선상에서 발생하는 불가피한 아포리아를 회피하지 않으면서 균형점을 찾으려는 노력을 포기하지 않는 것, 그것이 교육의 과업이다. 그럴 때 공교육은 탄생성이 발현되는 공간, 학습자의 탄생성이 일종의 계기로서 세계 속에서 새로운 시작으로 지속적으로 갱신되는 장소로 의미화될 수 있을 것이다.

맺으며

이 책은 기존의 학습자 주도성 담론이 미래교육 담론의 홍수 속에서 당연시되고 강조되는 풍토와 학습자의 자유와 선택이라는 방법론적 접근 속에서 공교육에서 학습자 주도성의 의미가 무엇인지 질문하지 않는 것에 대한 문제의식에서 시작했다. 학습자 주도성 담론이 신자유주의적으로 변용되면서 교육이 상품화되고 학습자는 일종의 소비자가 되었으며 자율과 선택은 경쟁의 심화와 계층의 양극화를 초래했음을 드러냈다.

신자유주의가 삶의 전반으로 뿌리 깊이 자리 잡아 경쟁이 일상화되고 적자생존과 약육강식의 논리가 지배하는 사회에서, 사회 바깥으로 밀려날 수도 있다는 불안은 교육 영역에도 존재하며 학습자 주도성 논의에서도 마찬가지다. 특히 기존의 학습자 주도성 담론은 학습자 개인에게 선택과 선택에 따른 책임을 물어 왔으며, 선택의 결과 역시 학습자 개인의 능력과 노력에 의한 것이라고 인식해 왔다. 이와 같은 접근은 학습자들을 자기계발과 자기착취의 굴레에 갇히게 만든다. 따라서 지배 이데올로기를 비판적으로 읽고 새로운 사회 질서를 만들어 가는 주체를 길러 내기 위해서는 새로운 패러다임으로 학습자 주도의 개념을 이해해야 한다.

현재 한국 사회의 공교육은 장소로서 의미를 잃었다. 지금의 공교육 안에서는 의미 있는 관계가 만들어지지 않고, 오히려 서로를 소외시키는 일이 빈번히 일어난다. 학업성취도를 중심으로 누군가에게는 자기 자리가 주어지지만, 누군가에게는 자기 자리가 없다. 이와 같이 비장소화된 공교육의 장에서 학습자 주도성은 실현되기 어렵다. 왜냐하면 학습자 주도성은 '나는 무엇이 될 수 있고, 내가 원하는 것이 바람직한가?'라는 질문을 삶의 질문으로 삼는 가운데 성숙한 방식으로 세계 속에 존재하고자 하는 것이기 때문이다. 그리고 그러한 학습자 주도성은 학습자가 공교육 안에서 마음껏 질문하고 상상하며 실험하는 가운데 발현될 수 있기 때문이다. 이처럼 개별 학습자의 고유성이 공교육 안에서 지속적으로 새로워지기 위해서는 적어도 공교육 안에서는 모든 사람의 성원권, 즉 자리와 장소가 필요하다. 따라서 제도로서 공교육은 공교육의 장 안에 있는 모든 사람이 각자의 자리와 장소를 가질 수 있도록, 그 과정에서 학습자와 교사를 포함한 모든 이들이 각자의 탄생성을 발현할 수 있도록 보다 민주적이고 평등한 공간으로 재구조화되어야한다. 그때, 공교육에서 모든 학습자 주도성이 실현될 수 있으며 그를 바탕으로 학습자들이 공적 세계에 대한 책임성을 갖고 삶의 주도성을 실천하며 세계의 변화를 주도해 가는 것을 경험할 수 있을 것이다.

비에스타는 학습자가 자신의 욕망에 대해 질문해 보고 세계와의 만남 속에 머무는 과정을 통해 세계 속에서 성숙함을 연습해 보도록 충분한 시간을 제공하는, 중간 지대로서 학교의 중요성을 강조했다(Beista, 2019:30). 중간 지대는 아렌트가 말한 탄생성의 공간이다. 탄생성은 인간이 세계에 태어나 창발자로서 각각의 고유성을 바탕으로 하게 되는 새로운 시작을 의미한다(조나영, 2017:77). 개별 학습자의 고유한 탄생성은 다원성(plurality) 속에서만 가능하며, "서로 다르다는 전제하에서만 동등"하다. 따라서 교육을 통해 개별 학습자가 세계 속에서 자신의 고유성을 드러내면서 지속적으로 새로움을 갱신하는 과정은 다른 존재와의 공존 속에서 가능하며, 그렇기 때문에 탄생성으로 발현되는 학습자 주도성은 다른 존재에 대한 책임을 고민하게 한다.

따라서 탄생성의 발현의 장으로서 공교육은 '서로-함께-존재함'이라는 공적 시민의 책임과 연결된다. 따라서 공교육은 그와 같은 주도성을 연습하는 장소로서 의미화될 필요가 있다. 이때 장소는 구성원들, 즉 학습자를 중심으로 의미 있는 관계가 형성되고 그 관계에 터한 공동의 정체성이 만들어지는 공간을 의미한다(한정훈, 2016:234~235). 즉, 공교육은 사람들이 서로 함께 존재하고 서로 연결되는, 즉 경험을 매개로 의미화되는 시공간으로 다루어질 필요가 있다.

　이 책에서는 학습자 주도성의 개념을 단순히 학습자의 자기 주도 학습 과정에 국한하지 않았다. 학습자가 주도적으로 학습한다는 것은 '총체적 잘 살기'를 위한 자유로서, 세계에 성숙한 방식으로 함께-서로-존재하고자 하는 의지이자 가능성의 발현이다. 공교육을 이수한 모든 학습자는 '자신이 무엇이 될 수 있고 무엇을 할 수 있는가?'에 답하고 실천할 수 있는 가능성으로서 실질적 자유를 가져야 한다. 그것이 이 책에서 논의한 교육의 목적으로서 주도성이며, 학습자 주도의 핵심이다.

　학습자 주도성은 '사회적 존재인 인간이 자신의 개별성과 독특성을 유지하면서, 서로-함께-존재할 수 있도록 비강제적으로 자신의 욕망을 공적인 것으로 전환하는 과정'으로 개념화할 수 있다. 학습자 주도성은 학습자의 흥미와 행위를 구성 요소로 하며, 역량으로서 잠재 가능성(capability)과 발현되는 속성으로서 행위주체성(agency)의 속성을 지닌다. 학습자 주도성은 세계 속에서 성숙한 방식으로 존재하고자 하는, 곧 자신의 자유를 세계 속에 조화롭게 위치시키고자 하는 의지를 의미한다. 이와 같은 학습자 주도성은 세계 변화를 주도할 수 있는 잠재 가능성이기도 하다.

또한 학습자 주도성이 행위주체성으로 발현되는 과정은 학습자의 고유성이 시공간의 맥락과 관계의 그물망 안에서 이루어지는 다양한 상호작용과 교육적 개입에 의해서 이루어진다. 따라서 학습자 주도성은 하나의 현상으로 드러나는 것이 아니라 일종의 스펙트럼처럼 연속적으로 발전해 가는 과정적 현상으로 드러난다. 따라서 학습자 주도성은 학습자 개인의 삶의 주도성이 총체적 잘 살기를 향한 성장 과정을 의미한다.

그런 점에서 학습자 주도성은 삶의 주도성을 향한 연습인 동시에 현재의 삶의 주도성 그 자체를 의미한다. 따라서 공교육에서 다루는 학습자 주도성은 비강제적으로 개인의 욕망을 공적인 것으로 전환하는 자발적이고 주도적인 과정이어야 하며, 학습자 주도성은 현재 공적 세계에서 책임 있는 시민으로서의 실천인 동시에 책임 있는 시민이 되어 가는 과정이다. 이와 같은 접근은 학습자 주도성을 단지 학습자의 선택이나 자유와 같은 권리의 측면뿐 아니라 모든 존재가 조화롭게 어우러져 사는 삶을 지향한다는 점에서 정의와 평등의 측면을 다룬다.

그러나 현재 한국 공교육 현실에는 능력주의와 신자유주의 이데올로기가 지배적으로 작동하고 있으며, 능력에 따른 차별이 일상적이 되었고 그와 같은 차별의 대상이 되지 않기 위한 자기계발 담론이 만연하다. 학습자들이 경험하는 교육적 불평등은 실패 가능성, 좌절, 수치심을 겪게 함으로써 인간으로서 존엄성을 해치는 결과를 야기한다 (Hargreaves, 2019). 능력주의가 지배하는 사회에서 공공성과 같은 공적 영역의 강조는 불가능하다. 공적 영역으로서 교육은 능력주의에서 탈피할 필요가 있다.

지금까지 한국 교육은 사회적 계층 이동을 실현할 수 있는 거의 유일한 도구로 작용해 왔으며, 꽤 오랫동안 사회 계층 이동은 교육이 담당해야 할 중요한 역할로 여겨졌다. 그러나 한국 사회에서 교육은 더 이상 사회 계층 이동의 사다리로서의 역할을 하지 못하고 있다. 오히려 교육을 통해 사회 계층의 이동에 성공한 극소수의 사람들과 그렇지 않은 사람들 사이의 구분과 적개심, 좌절감, 분함 등의 감정을 불러일으키며 교육 경쟁에서 실패한 사람들의 존엄을 무너뜨렸고(Hagreaves, 2019:40), 선택받은 극소수의 이익을 대변하는 방식으로 작동하고 있다. 따라서 이제는 교육이 계층 이동의 사다리라는 도구로서가 아니라 인간의 본질적 가치로서 존엄을 지키는 방향으로 전환될 필요가 있다. 특히 교육의 결과가 학습자 개인의 노력이 아니라 우연성에 의한 것임을 받아들일 때, 학습자는 공적 책임 의식을 가진 존재가 될 수 있다.

김원영(2018)은 자립(自立)이 아니라 연립(聯立)을 기본적인 삶의 조건으로 삼아야 한다고 주장한다. 사회적 존재로서 인간은 서로에 대해 공감하고 지지하면서 연대와 협력, 연립의 과정을 통해서만 자립할 수 있다. 따라서 어떤 이유로든 학습자가 자신의 실질적 자유에 제한을 받지 않도록, 학습자의 인지 수준이나 사회경제적 배경 등에 의한 차별이 없도록 모든 학습자의 주도성을 담보할 수 있는 지원 체계가 필요하며, 인간으로서 존엄을 지키는 데 필요한 조건으로서 핵심 역량, 보편적 학습 설계(universal design for learning), 개별화 지도(differentiated instruction) 등을 기반으로 구체적인 제도를 고민해 볼 필요가 있다.

참고 문헌

강인애(1995). 인지적 구성주의와 사회적 구성주의에 대한 간략한 고찰. ≪교육공학연구≫, 11권 2호, 48∼63

강인애(1997).『왜 구성주의인가?』문음사.

강인애(2009). '학습자 중심 교육'의 의미에 대한 재조명. ≪학습자중심교과교육연구≫, 9권 2호, 1∼34

곽덕주·최진·김회용. (2016). 상상력과 지식교육: 이건과 비고츠키를 중심으로. ≪교육철학연구≫, 38권 4호, 1∼31.

곽영순(2014).『교사 그리고 질적연구: 앎에서 삶으로』, 교육과학사.

곽정수(1995.6.1). 실현성보다 방향제시 내용많아(5·31 교육개혁 의미와 특징), ≪한겨레신문≫, 1면.

교육부(2016). 지능정보사회에 대응한 중장기 교육정책의 방향과 전략. 교육부.

권미경·김천기(2015). 교사의 관점에서 본 학부모의 소비자
  주권적 태도와 그에 따른 교사의 위축 및 정체성 변화.
  ≪교육종합연구≫, 13권 3호, 83∼109.

길형석(2001). 학습자중심의 교과교육을 위한 철학적 연구.
  ≪학습자중심교과교육연구≫, 1권 1호. 1∼27.

김경미(출간 예정). 마을학교의 교육적 의미에 관한
  질적연구(가제). 서울대학교 대학원 박사학위 논문.

김신복(2003). OECD와 우리나라의 교육개혁. ≪OECD
  Focus 2003년≫, 1월호, 9∼13.

김아영(2014). 미래 교육의 핵심역량: 자기주도성.
  ≪교육심리연구≫, 28권 4호, 593∼617.

김아영·탁하얀·이채희(2010). 성인용 학습몰입 척도 개발 및
  타당화. ≪교육심리연구≫, 24권 1호, 39∼59.

김영화(2015). 초국가적 정책 행위자로서 국제기구의
  교육부문 사업 동향 비교. ≪비교교육연구≫, 25권 4호,
  1∼34.

김용·박대권(2018). 문민정부 교육개혁에서의 OECD의
  영향: 국제기구의 영향과 글로벌 교육정책 장으로의
  편입. ≪교육정치학연구≫, 25권 2호, 83∼109.

김용일(2000). 『위험한 실험: 교육개혁의 정치학』. 문음사.

김원영(2018). 『실격당한 자들을 위한 변론』. 사계절.

김지현(2000). 비고츠키의 지식점유과정과 언어매개기능에 관한 교육학적 고찰. 서울대학교 대학원 박사학위 논문.

김천기(2012). 한국교육의 신자유주의화 과정과 그 성격: 학교의 입시학원화와 '자율적 통치성' 강화. ≪교육종합연구≫, 10권 1호, 119~149.

김한길·김천기(2018). 배움 및 학습자를 우선시하는 담론에 대한 비판적 고찰: 비에스타(G. Biesta)의 상호주관성 논의를 중심으로. ≪교사교육연구≫, 57권 4호, 629~641

김흥주·양승실·김순남·박승재·이쌍철·이성회·김갑성·류성창(2016). 『미래지향적 교육생태계 조성을 위한 교육체제재구조화 연구』. 한국교육개발원.

남미자·길현주·오춘옥·노시구(2014). 교사들의 반성적 글쓰기를 통해 본 배움중심수업의 특징과 의미. ≪시민교육연구≫, 46권 1호, 59~86.

남미자·오수경·배정현(2019). 교육열, 능력주의 그리고 교육 공정성 담론의 재고(再考): 드라마 <SKY 캐슬>의 담론 분석을 중심으로. ≪교육사회학연구≫, 29권 2호, 131~167.

박주병(2013). 학습의 개념과 교사. ≪인문과학연구≫, 37권, 437~459.

박혁(2009). 사멸성, 탄생성 그리고 정치. ≪민주주의와 인권≫, 9권 2호, 251~279.

소경희(2017). 『교육과정의 이해』 교육과학사.

손우정(2004). '배움의 공동체'를 기반으로 한 수업개혁에
　　관한 연구. ≪교육학연구≫, 42권 3호, 275~396

손준종(2011). 초등학교 교사의 감정 노동 연구.
　　≪한국교육학연구≫, 17권 3호, 93~127.

손준종(2014). 전지구적 교육거버넌스로서 PISA의 출현과
　　국가교육에 대한 영향. ≪교육사회학연구≫, 24권 3호,
　　131~160.

송도선(2009). 『존 듀이의 경험교육론』. 문음사.

송미영·유영만(2008). 자아창조와 공적연대를 지향하는
　　폐기학습 모델에 관한 연구. ≪Andragogy Today≫, 11권,
　　29~56.

신현석(1996). 현 정부의 교육개혁의 정치학: 5·31
　　교육개혁안의 형성과정을 중심으로.
　　≪교육정치학연구≫, 3권 1호, 92~122.

심보선(2018). 추천사. 『인간성 수업』. 문학동네.

심성보(1999). 학교선택권의 명암과 대안교육의 가능성.
　　≪지방교육경영≫, 4권, 161~183.

심우엽(2003). Vygotsky의 이론과 교육. ≪초등교육연구≫,
　　16권 1호, 207~224.

엄기호(2013). 『교사도 학교가 두렵다』. 따비.

엄기호(2019). 『배움을 통한 성장의 권리: 엄기호와 존듀이의 민주주의와 교육 읽기』. 수원시평생학습관.

오상진·김희용(2010). 배움공동체와의 비교를 통한 철학적 탐구공동체 교육방법론 개선 방안. ≪교육의 이론과 실천≫, 15권 3호, 127~152.

오인수·손지향·조유경(2018). 근거이론적 접근을 통한 대학생들의 '대2병' 경험 분석 연구. ≪교육과학연구≫, 49권 2호, 27~58.

우정길(2013). 아렌트(H. Arendt) "탄생성"의 교육학적 수용 -마스켈라인(J. Masschelein)의 논의를 중심으로. ≪교육철학연구≫, 35권 3호, 139~159.

유철민(2011). 듀이 경험이론에 비추어 본 구성주의 교육론. 경인교육대학교 교육대학원 석사학위 논문.

이명구·박도휘·강민영(2019). 2025 교육산업의 미래: 기술혁신과 플랫폼, 공유경제를 중심으로. ≪ISUUE MONITOR≫, 제110호, 삼정KPMG 경제연구원.

이윤미(2001). 제7차 교육과정 적용과 신자유주의 논쟁. ≪한국논평≫, 182~197.

이지영·장희선·김호현(2018). 『2018 경기꿈의학교 성과평가』. 경기도교육연구원

정민승(2010).『성인학습의 이해』. 에피스테메.

정봉근·김이경·김영곤·황호진·한유경·홍민식(2006).
　　『OECD 교육부문 협력연구사업 참여 실태 분석』.
　　한국교육개발원.

정용주(2015). PISA를 활용한 국가의 교육통치전략.
　　≪오늘의 교육≫, 9-10월호.

정용주(2017). 지속가능한 민주주의, 그리고 시민을 기르는
　　교육.『교육의 주체로 바로서는 공간, 학교: 제 17회
　　경기교육포럼 자료집』. 경기도교육청.

정훈(2011). 교육 시장화 시대의 교사 전문성.
　　≪교육철학연구≫, 33권 3호, 161~185.

조나영(2013). 한나 아렌트의 "교육의 위기"를 통해서 본
　　'탄생성' 교육의 의미. ≪인문과학연구논총≫, 35권,
　　331~364.

조나영(2017). 아렌트(H. Arendt)의 '탄생성'(natality) 개념과
　　교육적 사유의 실제를 위한 제안: The Freedom Writers
　　Diary의 교육실천 분석. ≪교육철학연구≫, 39권 1호,
　　75~99.

조성철(2014.3.14.). 마음 다쳐 떠나려는 교원들…교실도
　　아프다. ≪한국교육신문≫,
　　http://hangyo.mediaon.co.kr/news/article.html?no=43418

조윤정(2017).『학습자 주도 학습의 의미와 가능성』.
   경기도교육연구원.

조윤정·김아미·박주형·정제영·홍제남(2017).『미래학교
   체제연구: 학습자 주도성을 중심으로』.
   경기도교육연구원.

조현영·손민호(2015). 상황주의 교수설계론: 실천의
   관점에서의 재고. ≪교육과정연구≫ 33권 4호, 201~226.

최기영(1996.6.1). "학생중심 전환「자율교육」역점"(교육개혁
   : 배경과 의미). ≪경향신문≫. 2면.

한정훈(2016). 정체성 구성과 장소성 형성에 대한 연구-반가
   여성의 구술 생애담을 대상으로. ≪구비문학연구≫ 43권,
   231~271.

홍민식(2006). OECD 교육사업과 한국의 협력강화 방안.
   유네스코한국위원회 편.『유네스코와 교육: 유네스코 등
   국제기구 교육사업과 한국의 참여전략』(267-292쪽).
   오름.

홍순강 기자(1996.6.1). "자율-개방 역점 …「실천」이
   과제"(긴급진단: 교육대개혁). ≪동아일보≫. 3면.

文部科學省(2015).
   「小·中學校に通っていいない義務教育段階の子供が通
   う民間·施設に關する調査」. 文部科學省.

文部科學省(2016).

　「平成27年度公立小·中學校及び高等學校における教育
　課程の編成·實施狀況調查の結果について」文部科學省.

小針誠(2018).

　『アクティブラーニング―學校敎育の理想と現實』.
　講談社現代新書.

佐藤學(1996).『シリーズ學びと文化 6: 學び合う共同體』.
　東京大學出版會.

佐藤學(2012).『學校を改革する:
　學びの共同体の構想と實踐』岩波書店.

佐藤學(2016).

　質の高い學びを創造する授業づくり―「アクティブ · ラ
　ーニング」をめ ぐって.

　https://blog.canpan.info/manabi-ibaraki/img/E8B3AA
　E381AEE9AB98E38184E5ADA6E381B3E38292E589B
　5E980A0E38199E3828BE68E88E6A5ADE381A5E381
　8FE3828A.pdf

佐藤學(2000).「學び」から逃走する子どもたち.
　岩波ブックレット. 손우정·김미란 옮김(2003).
　『배움으로부터 도주하는 아이들』. 북코리아.

佐藤學(2000).

授業を変える學校が変わる…総合學習からカリキュラムの創造へ. 小學館. 손우정 옮김(2006).『수업이 바뀌면학교가 바뀐다』. 에듀케어.

天笠茂(1999). 教育課程基準の大綱化・彈力化の
歴史的意味.『日本教育經營學會紀要』第 41號.

NPO 法人東京シューレ(2000).
『フリースクールとはなにか──子どもが創る・子どもと 創る』. 教育史料出版會.

AltSchool(2019.10.6.). A 21st Century Curricular Approach,
https://cdn2.hubspot.net/hubfs/302069/AltSchool.com
%20Files/AltSchool%20Curricular%20Approach.pdf

Arent, H.(1961). Between past and future: Eight exercises in
political thought. 서유경 옮김(2005).『과거와 미래 사이』.
푸른숲.

Arendt, H.(2003). In K. Jerome(Ed). *Responsibility and judgment*.
New York: Schocken Books. 김선욱 옮김(2007).『정치의
약속』. 푸른숲.

Amos, S. K.(2010). The morphodynamics of modern
education systems: On the relation between governance
and governmentality as analytical tool in explaining
current transformations. In S. K. Amos(ed.). *International*

educational governance(pp.79∼104). UK: Emerald Group Publishing Lt.

Adams, S. (2019. 1. 30). Can AltSchool-The Edtech Startup With $174M From Billionaires Like Zuckerberg And Thiel-Save Itself From Failure?, https://www.forbes.com/sites/susanadams/2019/01/30 /can-altschoolthe-edtech-startup-with-174m-from-bi llionaires-like-zuckerberg-and-thielsave-itself-from-fa ilure/#4afbbb941997.

Bayne, S.(2014). What's the matter with 'technology-enhanced learning'? *Learning, Media, and Technology, 40*(1), 5∼20.

Biesta, G.(2004). Against learning. Reclaiming a language for education in an age of learning. *Nordisk Pedagogik, 25*(1), 54∼66.

Biesta, G.(2009). Good education in an age of measurement: On the need to reconnect with the question of purpose in education. *Educational Assessment, Evaluation and Accountability, 21*(1), 33∼46.

Biesta, G.(2012). Giving teaching back to education. responding to the disappearance of the teacher.

Phenomenology and Practice, 6(2), 35~49.

Biesta, G.(2014). Pragmatising the curriculum: Bringing knowledge back into the curriculum conversation, but via pragmatism. *The Curriculum Journal, 25*(1), 29~49.

Biesta, G.(2019). Democracy, citizenship and education: from agenda to practice. 『2019 학교민주시민교육 국제포럼(배움을 넘어서 미래를 위한 민주시민교육) 자료집』. 서울특별시교육청.

Biesta, G., & Tedder, M.(2007). Agency and learning in the lifecourse: Towards an ecological perspective. *Studies in the Education of Adults, 39*(2), 132~149.

Boyd, W.(1911). *The educational theory of Jean Jacques Rousseau.* New York: Russell & Russell. 김안중·박주병 옮김(2012). 『루소의 교육이론』. 교육과학사.

Böhm, W.(2010). Geschichte Der Pädagogik. 김영래·김상무·김철·정창호 옮김(2017). 『서양교육 이념의 역사: 플라톤에서 현대까지』. 교육과학사.

Bray, B. & McClaskey, K. (2016). *How to personalize learning: A practical guide for getting started and going deeper.* CA: Corwin.

Candy, P. C.(1991). *Self-directed for lifelong learning.* San Francisco: Jossey-Bass.

Christodoulou. D.(2013). *Seven myths about education.* Routledge. 김승호 옮김(2014).『아무도 의심하지 않는 일곱 가지 교육 미신』. 페이퍼로드.

Clayton, M. & Halliday, D.(2017). Big data and the liberal conception of education. *Theory and Research in Education, 15*(3), 290~305.

Cutler, K.(2015.5.4). Altschool Raises $100M From Founders Fund, Zuckerberg To Scale A Massive Network of Schools Around Personalized Learning. TechCrunch. Retrieved from https://techcrunch.com/2015/05/04/altschool-raises-100m-from-founders-fund-zuckerberg-to-scale-a-massive-network-of-schools-around-personalized-learning/

Deleuze, G.(1968). *Différence et Répétition.* Paris: Presses Universitaires de France. 김상환 옮김(2004),『차이와 반복』. 민음사.

Dewey, J.(1916). *Democracy and education.* 이홍우 옮김(1996).『민주주의와 교육』. 교육과학사.

Dewey, J.(1938). *Experience and education.* 박철홍 옮김(2002).『아동과 교육과정/경험과 교육』. 문음사.

Doyle, W.(1990). *Classroom management techniques and student discipline.* Washington, DC: Office of Educational Research and Improvement.

Edgoose, J.(2010) Hope in the unexpected: How can teachers still make a difference in the world? *The Teachers College Record, 112*(2), 386~409.

Fischer, F.(1990). *Technocracy and the politics of expertise.* New York: Sage.

Friesen, N.(2018). Personalized learning technology and the new behaviorism: Beyond freedom and dignity, https://www.academia.edu/36112036/Personalized_Learning_Technology_and_the_New_Behaviorism_Beyond_Freedom_and_Dignity.docx

Gatto, J. T.(1992). *Dumbing us down.* Douglas & McIntyre. 김기협 옮김(2005).『바보 만들기』. 민들레.

von Glasersfeld, E.(1995). *Radical constructivism: A way of knowing and learning.* London: The Falmer Press.

Hamlyn, D. W.(1978) *Experience and the growth of understanding.* 이홍우 옮김(1991).『경험과 이해의 성장』. 교육과학사.

Hargreaves, A.(2003). *Teaching in the knowledge society: Education in the age of insecurity.* Teachers college Press. 곽덕주·양성관·이지현·이현숙·장경윤·조덕주·황종재

옮김(2011). 『지식사회와 학교교육』. 학지사.

Hargreaves, A.(2019). Dignity and wellbeing: The next global challenge for educational change. 『경기혁신교육 10주년 국제콘퍼런스 자료집』. 경기도교육청.

Hurowitz, N.(2016. 3.10). Mark Zuckerberg-Funded Pre-K-8 School to Open at Union Square in 2017, https://www.dnainfo.com/new-york/20160310/union-square/mark-zuckerberg-funded-pre-k-8-school-open-at-union-square-2017

Jessop, S.(2011). Children's participation. An Arendtian Criticism. *Educational Philosophy and Theory, 43*, 979~996.

King, H.(2016. 5. 20). A morning at the AltSchool, an education startup that Silicon Valley is crazy about. CNN Business. Retrieved from https://money.cnn.com/gallery/technology/2016/05/20/altschool-silicon-valley/5.html

Loh, J. & Hu, G.(2014). Subdued by the system: Neoliberalism and the beginning teacher. *Teaching and Teacher Education, 41*, 13~21.

Masschelein, J.(1996). Individualization, singularization and e-ducation (between indifference and responsibility).

Studies in philosophy and education, 15(1-2), 97～105.

Mead, R.(2016.3.8). Learn different: Silicon valley disrupts education. *The New Yorker,*
https://www.newyorker.com/magazine/2016/03/07/alt schools-disrupted-education

Mergler, A.(2017) Personal responsibility: an integrative review of conceptual and measurement issues of the construct. *Research Papers in Education, 32*(2), 254～267

Molenbauer, K.(1983). *Vergessene Zusammenhänge: über Kultur und Erziehung.* In Norm F.(Ed. and Trans.)(2013). *Forgotten connections: On culture and upbringing.* Routledge.

Nussbaum, M.(1998). *Cultivating humanity: A classical defense of reform in liberal education.* 정영목 옮김(2018). 『인간성 수업』. 문학동네.

Nussbaum, M.(2013). *Creating capabilities: The human development approach.* 한상연 옮김(2015). 『역량의 창조』. 돌베개.

OECD(2019). Concept note: Student Agency for 2030. OECD Future of Education and Skills 2030: Conceptual learning framework.

Redding, S., Twyman, J. & Murphy, M.(2016). *Advancing personalized learning through the interactive application of innovation science.* Center on Innovations in Learning. Temple University.

Rinne, R., Kallo, J., & Hokka, S.(2004). Too eager to comply? OECD education policies and the Finnish response. *European Educational Research Journal, 3*(2), 454~485.

Rousseau, J. The collected writings of Rousseau. In R. D. Masters & C. Kelly(Eds.).(1990). In J. R. Bush, C. Kelley & R. D. Masters(Trans.). New England: University Press of New England.

Rutledge, S. A., Cohen-Vogel, L., Osborne-Lampkin, L., & Roberts, R. L.(2015). Understanding effective high schools evidence for personalization for academic and social emotional learning. *American Educational Research Journal*, 52, 1060~1092.

Schoon, I.(2018). *Conceptualising learner agency: A socio-ecological developmental approach.* The Centre for Learning and Life Chances in Knowledge Economies and Societies.

Sen, A.(2001). *Development as freedom.* Oxford University Press. 김원기 옮김(2013). 『자유로서의 발전』. 갈라파고스.

Singer, M.(1951). Formal logic and Dewey's logic. *The Philosophical Review, 60*(3), 375~385.

Spivak, G.(1993). *Outside in the teaching machine.* Routledge.
태혜숙 옮김(2006). 『교육기계 안의 바깥에서: 초국가적 문화연구와 탈식민 교육』. 갈무리.

Tucker, J.(2014. 3.18). AltSchool gets $33 million in venture capital. *San Francisco Chronicle,* https://www.sfgate.com/education/article/AltSchool-gets-33-million-in-venture-capital-5327204.php

Wielemans, W.(2000). European educational policy on shifting sand. *European Journal for Education Law and Policy,* 4, 21~34.

Williamson, B.(2017). The social life of education data science. In Williamson, B(Ed.), *Big data in education: The digital future of learning, policy, and practice*(pp. 97~122). SAGE Publication Inc.

Williamson, B.(2018) Silicon startup schools: technocracy, algorithmic imaginaries and venture philanthropy in corporate education reform. *Critical Studies in Education,* *59*(2), 218~236.

지은이

남미자

경기도교육연구원에서 일하고 있다. 학부와 대학원에서 화학과 물리화학을 공부한 경험 덕분에 '과학기술계 박사 비정규직의 정체성과 사회구조'를 주제로 박사학위 논문을 썼다. 현재 주 연구 분야는 청소년 시민권, 기후 위기와 교육 체제, 생태페미니즘 등이다. 또한 경계 또는 경계 바깥 사람들의 곁이 되는 연구에 관심이 많다. 주요 논문으로는 "코로나19로 촉발된 원격수업에 대한 소고"(2020), "18세 선거권이 남긴 교육의 과제"(공저, 2020), "청소년 정치참여의 의미와 학교교육의 방향"(공저, 2020), "교육열, 능력주의 그리고 교육공정성 담론의 재고: 드라마 〈SKY캐슬〉의 담론 분석을 중심으로"(공저, 2019), "대학 비진학 청년의 생애사 연구: 일반고 졸업생을 중심으로" (공저, 2019) 등이 있다.

김경미

학부와 대학원에서 지구과학교육을 공부했다. 공립학교
와 대안학교를 넘나들며 과학 교사로 살아오다, 더 나은 교
육에 대한 고민과 함께 교육인류학을 공부하게 되었다. 이
러한 상심을 바탕으로 현재 '마을학교'를 주제로 박사학위
논문을 작성 중이며, 청소년들이 삶의 주체가 되어 성장하
는 일에 관심이 많다. 주요 논문으로는 "'전환'을 추구하는
대안학교에 관한 사례연구: 늘푸름학교를 중심으로"(2018)
등이 있다.

김지원

서울대학교 아동가족학과에서 학사, 석사학위를 받고 미국
위스콘신매디슨대학교(University of Wisconsin-Madison)
에서 교육과정 전공으로 박사과정을 마쳤다. 공정한 교육,
재개념론적 관점에서 본 유아교육과정에 많은 관심을 갖고
있으며 현재 주 연구 분야는 교사교육, 문화감응교육, 놀이,
유아수학교육이다. 주요 논문으로는 "학교 시민 양성하기:
유아교사의 학교준비도 신념과 문화감응 교수 실천 사례연
구(Preparing "good little school citizens": One public
prekindergarten teacher's readiness beliefs and imple-

mentation of responsive mathematics practices)"(2021),
"유아 공교육의 미래 상상하기(Imagining a future in pre
K: How professional identity shapes notions of early
mathematics)"(공저, 2015) 등이 있다.

김영미

경기도교육연구원 초빙연구원이다. 일본사회사업대학(日
本社會事業大學)에서 학사, 석사, 박사과정을 수료하고 일
본국립장애인재활센터 의료상담개발부에서 '고차뇌기능
장애' 모델 사업 연구에 참여했다. 한국에서는 성공회대,
동덕여대, 삼육대 등에서 외래교수를 역임했으며 장애인
복지론, 의료사회사업론, 인간행동과 사회환경 등을 가르
쳤다. 현재 주 연구 분야는 한국과 일본의 교육복지, 장애
인복지, 특수교육이다. 변화하는 교육 체제의 흐름에서 교
육적 과제를 사회복지 철학을 바탕으로 확장하는 연구에
관심을 두고 있다. 주요 논문으로는 "일본 청소년 참정권
확대과정과 주권자교육에 관한 연구"(공저, 2020), "경기
도 특수교육대상 학생의 합리적 교육복지서비스 운영 방
안 연구"(공저, 2020), "고령지체장애인의 스마트토이 이
용 만족도와 사용 경험 분석"(공저, 2020) 등이 있다.

박은주

이화인문과학원 연구교수다. 교육철학으로 박사학위를
받았다. 주된 관심사는 해나 아렌트의 사상, 인문적 교사
교육, 포스트휴먼 교육 이론 등이다. 주요 저서로는『한나
아렌트, 교육의 위기를 말하다』(2021),『한나 아렌트와 교
육의 지평』(공저, 2020),『교육의 본질을 찾아서』(공저,
2020) 등이 있으며 역서로는『학습을 넘어』(2022)가 있다.

박진아

교육사회학과 평생교육학을 공부했으며, 박사학위를 받
은 후 대학에서 학생들과 만나 교육과 사회에 관한 배움을
나누고 있다. 사회적 약자들을 위한 교육, 페미니즘교육,
인문예술교육 등에 관심을 갖고 연구자로도 활동 중이다.
주요 논문으로는 "빈곤층 학생의 교육 경험과 성장에 관한
연구"(공저, 2016), "대학 비진학 청년들의 빈곤경험과 노
동경험: 일반고 졸업생을 중심으로"(공저, 2017), "예술체
험을 통한 부모교육의 실제와 의미탐구: 부모역량을 중심
으로"(공저, 2018), "혁신고등학교의 교육과정 혁신을 통한
학생의 변화와 성장에 관한 사례 연구"(공저, 2020) 등이 있
고, 저서로는『혐오, 교실에 들어오다』(공저, 2019)가 있다.

이혜정

경인교육대학교 교육학과 조교수다. 서울대학교 교육학과에서 석사, 박사학위를 받고 경기도교육연구원에서 교육 연구를 했다. 현재 주 연구 분야는 학교의 성정치학과 청소년의 섹슈얼리티 문화 및 실천, 학교 안 차별과 혐오, 재난 시기 학교 역할의 변화 등이다. 또한 청소년(학생)의 빈곤과 소외, 배제 경험과 배움, 교차적 현상으로서의 억압과 청소년 주체, 학교 안 소수자 집단의 경험 등에 관심을 가지고 있다. 주요 논문으로는 "여성 교사 연구에 대한 젠더 분석"(공저, 2020), "교육 공정성에 관한 미디어 담론 분석"(2019), "빈곤, '공부' 그리고 학교"(공저, 2017) 등이 있으며, 저서로는 『혐오, 교실에 들어오다』(공저, 2019)가 있다.

학이시습은
배우고 가르치는 모든 이를 위한 책을
만듭니다

QR코드를 스마트폰으로 스캔하면 학이시습 책과 바로 만날 수 있습니다. 컴북스닷컴(commbooks.com/학이시습-도서목록)으로 접속해도 됩니다.

학이시습은 평생학습을 지원하는 지식 상품을 개발, 제작, 공급합니다. 개인과 사회가 동시에 성장하는 학습사회 인프라를 만드는 데 기여하고자 합니다.

HRD ≪리더는 사실 아무것도 모른다≫ 외
진로설계 학습 ≪청소년을 위한 진로설계 프로그램 1∼7≫ 외
문해 학습과 실천 ≪프레이리 선생님, 어떻게 수업할까요?≫ 외
공교육 개혁과 대안 ≪수업 시간에 자는 아이들≫ 외
이론 & 역사 연구 ≪페미니즘: 교차하는 관점들≫ 외
교수학습방법 ≪들뢰즈와 교육≫ 외